般若心経より学ぶ

舟本孝治

般《はん》若《にゃ》波《は》羅《ら》蜜《みっ》多《た》心《しん》経《ぎょう》

観《かん》自《じ》在《ざい》菩《ぼ》薩《さつ》。行《ぎょう》深《じん》般《はん》若《にゃ》波《は》羅《ら》蜜《みっ》多《た》時《じ》。照《しょう》見《けん》五《ご》蘊《おん》皆《かい》空《くう》。
度《ど》一《いっ》切《さい》苦《く》厄《やく》。舎《しゃ》利《り》子《し》。色《しき》不《ふ》異《い》空《くう》。空《くう》不《ふ》異《い》色《しき》。色《しき》即《そく》是《ぜ》空《くう》。
空《くう》即《そく》是《ぜ》色《しき》。受《じゅ》想《そう》行《ぎょう》識《しき》。亦《やく》復《ぶ》如《にょ》是《ぜ》。舎《しゃ》利《り》子《し》。是《ぜ》諸《しょ》法《ほう》空《くう》相《そう》。
不《ふ》生《しょう》不《ふ》滅《めつ》。不《ふ》垢《く》不《ふ》浄《じょう》。不《ふ》増《ぞう》不《ふ》減《げん》。是《ぜ》故《こ》空《くう》中《ちゅう》。無《む》色《しき》。
無《む》受《じゅ》想《そう》行《ぎょう》識《しき》。無《む》眼《げん》耳《に》鼻《び》舌《ぜっ》身《しん》意《い》。無《む》色《しき》声《しょう》香《こう》味《み》触《そく》法《ほう》。
無《む》眼《げん》界《かい》。乃《ない》至《し》無《む》意《い》識《しき》界《かい》。無《む》無《む》明《みょう》。亦《やく》無《む》無《む》明《みょう》尽《じん》。乃《ない》至《し》無《む》老《ろう》死《し》。
亦《やく》無《む》老《ろう》死《し》尽《じん》。無《む》苦《く》集《しゅう》滅《めつ》道《どう》。無《む》智《ち》亦《やく》無《む》得《とく》。以《い》無《む》所《しょ》得《とく》故《こ》。

菩提薩埵《ぼだいさつた》。依般若波羅蜜多故《えはんにゃはらみったこ》。心無罣礙《しんむけいげ》。無罣礙故《むけいげこ》。無有恐怖《むうくふ》。
遠離一切顛倒夢想《おんりいっさいてんどうむそう》。究竟涅槃《くきょうねはん》。三世諸仏《さんぜしょぶつ》。依般若波羅蜜多故《えはんにゃはらみったこ》。
得阿耨多羅三藐三菩提《とくあのくたらさんみゃくさんぼだい》。故知般若波羅蜜多《こちはんにゃはらみった》。
是大神呪《ぜだいじんしゅ》。是大明呪《ぜだいみょうしゅ》。是無上呪《ぜむじょうしゅ》。是無等等呪《ぜむとうどうしゅ》。能除一切苦《のうじょいっさいく》。
真実不虚故《しんじつふここ》。説般若波羅蜜多呪《せつはんにゃはらみったしゅ》。
即説呪曰《そくせつしゅわつ》
掲帝《ぎゃてい》　掲帝《ぎゃてい》　波羅掲帝《はらぎゃてい》　波羅僧掲帝《はらそうぎゃてい》　菩提僧莎訶《ぼじそわか》
般若波羅蜜多心経《はんにゃはらみったしんぎょう》

目次

第五章

空の用《ゆう》　105

第六章

宗教的要素　131

第一章

般若心経とは何か

第一節　何故、般若心経を読むのか

仏教は、我々を創造した神や仏などの存在を説くことがなく、創造主がいないので、自分が中心となり、自分を頼って生きることの重要性が説かれているのです。このことは人々には意識されていません。友松圓諦老師の講義『法句経』二三六番には「爾《なんじ》　おのれの燈《あかし》となれ」と解説されていますが、俗に言う「自燈明」が仏教の基本なのです。

『般若心経』とは何を語っているのであろうか。宗教的な書籍であると思う人がおれば、宗教を離れた哲学書であると考える人も存在します。私はこれらのいずれにもとらわれずに読まれるべき書籍であると考えております。我々は、緑の草原のなかで穏やかな太陽の陽を浴び、清々しい心でいつも生活をしているのではありません。複雑な人間関係が息苦しさを生じさせるのです。夏目漱石が「とかくに人の世は住みにくい」と書いていますが、明治時代はおろか『般若心経』が作成された時代も住みづらかったのではなかろうか。現代は、自己の欲望を極大化させるための競争時代なので、人間関係がより複雑になっています。

『般若心経』は「空」を説き、「空」は諸行無常を説き、「諸行無常」は変化を説き、「変化」

は明日の躍進をも説くのです。「空の心」は無執着を意味する。「無執着なる心」は己の心を空虚にすることを意味する。「心が空虚になること」は相手の立場で考えることを意味する。「相手の立場で考えること」は、心の根底に混在している「慈悲なる心」と「憎悪する心」のなかから「恨みや憎しみの心」が離れることを意味する。これにより、心が「苦」より解き放たれることを意味する。故に『般若心経』は「度一切苦厄」を説くのです。『般若心経』の解説書はたくさん有りますが、そこには著者の人生観が映しだされています。個々の文字にはとらわれず、文脈を大切にして、あなたの人生観で『般若心経』を読み解いて下さい。

第二節　般若心経の構成

『般若心経』は、哲学的と感じる内容と宗教的と感じる内容に分類することができます。『般若心経』の哲学性とは、空の概念を用いることにより、無常観を知り、執着する心より離れ、現象をあるがままに観ることにより、心のあるべき姿を問うものです。この哲学性を空の本質

（体）、空の特徴（相）及び空の効用（用）の三つに分けて説き、さらに、重要なこととして、空の実践を『般若心経』は説いていることです。

○　空の本質は、第二章「観自在菩薩　行深般若波羅蜜多時」より「受想行識　亦復如是」までの文章で検討いたします。

○　空の特徴は、第三章「舎利子　是諸法空相」より「不増不減」までの文章で検討いたします。

○　空の実践は、第四章「是故空中」から「無智亦無得」までの文章で検討いたします。

○　空の効用は、第五章「以無所得故」より「得阿耨多羅三藐三菩提」までの文章で検討いたします。

○　『般若心経』の仏教的内容とは、第六章「故知般若波羅蜜多」から「菩提僧莎訶」まであります。

『般若心経』が「哲学的内容」と「宗教的内容」に分けて説く理由は、哲学的内容として説くのは「空」の根本原理を己の努力で把握し、理解することを望む人のために「空」を説くのです。他方、宗教的内容を説く理由は、宗教は神や仏に心の安らぎを求めることを本質としており、真理の学問的追究をそれほど望まない人々や、他人に導かれることを好む人々のために

『般若心経』が説かれていると理解することができます。

第二章

空の本質

観自在菩薩。行深般若波羅蜜多時。照見五蘊皆空。度一切苦厄。舎利子。色不異空。空不異色。色即是空。空即是色。受想行識。亦復如是。

【意訳】

観自在菩薩が、深淵なる智慧の完成を目指して修行をしていた時、この世の構成要素である五蘊の本質には実体がないと悟り、衆生がこの智慧を体得するなら、妄想を消し、執着心を断つことにより苦痛や禍を避け得ると確信した。

観自在菩薩は、この悟りの内容を伝えるため、「物質的現象（色）は空に異ならず、空は物質的現象に異ならないのである。それ故に、物質的現象は即ち空であり、空は即ち物質的現象である。また、受・想・行・識もまた斯くの如く空である」と舎利子に説いた。

【解釈】

色蘊・受蘊・想蘊・行蘊・識蘊の五つの要素により衆生は構成されている。これを五蘊というが、その本質には恒久的自己同一性が存在しないので、五蘊は変化しその姿をとどめることができない。この変化しとどまることができない本質を「空」といい「諸行無常」といいます。『般若心経』は「色不異空　空不異色　色即是空　空即是色」という言葉で現象の本質を表現している。この十六文字の句について、駒沢大学の池田魯参教授著『般若心経』96頁で「いくら平易な言葉に置き換えてみたところで、この辺の経文の訳はいかにしても不合理な文章表現となるのは必然であろう」と述べられ、東京大学の平川彰教授著『般若心経の新解釈』89頁では「『色即是空』は悟りの境地を示した言葉であるので、これを解説によって示すことはむつかしい。むしろ心経を読む人が、それぞれに領解すべきものである。いまはそういう深い悟りの境地を示すことはできないので」と述べられているように、この句の解釈は非常に難しく、それの解釈も様々なのです。

第一節　諸行無常と空

諸行無常という表現は、『平家物語』の冒頭にみられる有名な言葉であり、日本人の多くが知っている文章だと思います。パーリ語で書かれた古い経典である『ダンマパダ』にも「諸行無常」についての記述があります。東京大学中村元教授訳『ブッダの真理のことば　感興のことば』49頁には、次のような文章があります。

二七七「一切の形成されたものは無常である」（諸行無常）と明らかな知慧をもって観るときに、ひとは苦しみから遠ざかり離れる。これこそ人が清らかになる道である。

二七八「一切の形成されたものは苦しみである」（一切皆苦）と明らかな知慧をもって観るときに、ひとは苦しみから遠ざかり離れる。これこそ人が清らかになる道である。

二七九「一切の事物は我ならざるものである」（諸法非我）と明らかな知慧をもって観るときに、ひとは苦しみから遠ざかり離れる。これこそ人が清らかになる道である。

このように「諸行無常」は釈尊の基本的な教義であります。さらに、重要な教義とされる三法印とは「諸行無常」、「諸法無我」、「涅槃寂静」の三つの教えのことであります。

諸行無常の「行」は、サンスクリット語の「サンスカーラ」を漢訳したもので、「作られたもの」を意味します。平川教授の著書『スタディーズ仏教』26頁を要約しますと「サンカーラは形成力であると同時に、こわれる力である。現実の消滅変化する力は、存在そのものに無常の力が内在している。つまり、こわれることは同時に形成することに転化するからでありす。この考えは万物の変化の要因を存在自身の中に認めるものであり、キリスト教のように生滅変化の要因を存在自身の外にある神に求める思考とは重要なる相違がある」と述べられています。

空思想を論理化した第一人者である龍樹が考えた空について、大乗仏典14『龍樹論集』の梶山雄一訳『廻諍論《えじょうろん》』157頁の第22偈を参考にするならば、「ものが他によって存在することが空性の意味である、とわれわれは言うのである。他による存在には本体はない」と記述されています。さらに「他によって生じているものは、本体（自己存在）をもって存在しているのではない」とも記述されています。このように、龍樹は他のものに依存して存在するものを空と呼んでいます。他に依存して存在するものには自性がないからです。自性がないとは「事物の本質を持続可能ならしめる性質がない」ということで、実体を持つものではないこと、すなわち、恒久的自己同一性を有しないが故に現状をいつまでも維持することができないことを意味しているのです。従いまして、空とは諸行無常のことといえるのです。

「実体」という言葉は聞きなれない言葉です。電子辞書『大辞林』によりますと実体とは「変化しやすい多様なものの根底にある、持続的自己同一的なもの」と説明されています。別な表現では「現象するものにたまたま付帯する性格のものに対して、実体とは本質的なもののことです。本質とは事物を事物として成り立たせる独自の変化することが無い性質」であります。

この世に生み出されたものには実体がないから、現象として存在するものはすべて仮の姿であると解釈されます。仮の姿が有るのならば本当の姿が有る筈でありますが、そこまで言及する人はいません。猫の存在が仮の姿であるならば、本当の猫の姿はいかなるものか、このように仮の姿と表現する意図は理解できますが、猫の姿を仮の姿というのは余りにも寂しい表現ではありませんか。

物質的現象も精神的現象も作り出されたものである限りその本質は「恒久的自己同一性が存在しない」ので、諸行無常であり空であると言われるのです。されど、この世の現象はすべて一時的現象であるとしても、その姿は本当の姿であると考える方が心に豊かさを感じるではありませんか。我々の心である気持ちにつきまして、あの時の気持ちもあれば今の気持ちもあるように、どの気持ちも本当の気持ちであると思うことがあるではありませんか。我々が生まれてから死ぬまでの一生の間に本当の姿を見ることができないとする思想は貧しくて寂しい限りです。妻や子供などの姿は本当の姿なのです。ただ、永遠に生き続ける妻や子は居ないだけのことです。このように考えるならば、第三章第一節で紹介する、道元禅師の「不生不滅」の解釈が勝れていると考えられます。

諸行無常に似た言葉に「諸法無我」なる言葉があります。諸法無我の「法」とは多くの意味を持つ言葉ですが、ここでは「もの」とか「存在」のことと理解します。「苦」が生ずる重要な要因であるとされる「我」とは「アートマン」と表現される自己の本質であり、行為の主体となる永久不滅なものを意味すると考えられていますが、仏教は「精神的苦痛」を取り除くことを目的としますので、「苦」の原因となる「我」は当然存在しないと考えています。「無我」とは難しい概念です。大正大学の廣澤隆之教授著『図解雑学仏教』114頁を要約すると、「この世に存在するものは、五つの要素（五蘊）により構成され、すべての生き物はこの五つの要素の組み合わせにより生ずるのです。輪廻は特定の霊魂により繰り返されるのではなく、業による五蘊の組み合わせが繰り返され、様々な生き物が現れる仕組みが輪廻でありますので、それには死んでも滅することのない霊魂のような、変化することのない自己は認めがたい」と仏教思想を説明されております。すべての存在には自己と言われる永久不滅である行為の主体となるものは存在しないということを「諸法は無我」という言葉で表現しているのです。

なお、諸行無常と諸法無我の違いが厳密に守られてきたと言われます。諸法は無我であるが、無常ではありません。何故ならば、諸行は「作られたもの」であり有為法であるのに対して、諸法の「法」には作られたものではない法、つまり無為法が含まれているのです。例えば、「涅槃」も法に含まれるので、諸法は無常であると言えないのです。無常とは作られたすべてのものの本質は恒常的自己同一性がないので、変化し生滅することを意味する言葉です。諸法無我については第二章第三節第四項「五蘊と無我」にて考察しております。

第二節　色即是空　空即是色

「色即是空　空即是色」の句は多くの人々がこのフレーズを『般若心経』と一対となって思い浮かべるほどよく知られた経文であります。しかし、よく知られているのとは逆に、「最も難解な経文」と言われております。それでは、「色不異空　空不異色　色即是空　空即是色」の四句により空の本質を考えます。

この文章が難解であると感じる理由の一つは、玄奘三蔵の翻訳をそのまま解釈すると、「色即是空　空即是色」の文言に論理的矛盾を感じられることに原因があるからでしょう。つまり、「色即是空　空即是色」は「色はすなわちこれ空なり、空はすなわちこれ色なり」と書き下すことができますが、この論理構造は「牛乳は液体である。液体は牛乳である」という誤った論理構造と同じ表現になっていると感じられるからでしょう。この四句について色々な漢訳や和訳が存在していますので、玄奘三蔵の作成した文章以外の「色即是空など」を紹介いたします。

第一例は、七三八年にマガタ国の法月が翻訳したものです。（中村元著の『般若経典』175頁より引用しました。）

色性是空　空性是色
色不異空　空不異色
色即是空　空即是色

法月の漢訳の特徴は「色性是空　空性是色」の二句が加わり三段書きとなっていることと、

「色性」と「空性」という文言が使われていることです。「色性」とは「色の性質を持つもの」と解釈し、「空性」とは「空の性質を持つもの」と解釈できます。

第二例は、鳩摩羅什訳（中村元著の『般若経典』174頁より引用しました）。

非色異空（色は空に異なるにあらず）
非空異色（空は色に異なるにあらず）
色即是空　空即是色
受想行識亦如是

上記の「非色異空　非空異色」の文章を玄奘三蔵は「色不異空　空不異色」と訳しています。

第三例は、オックスフォード大学の教授であったマックス・ミュラーが奈良の長谷寺に伝わる写本を中国所伝本に基づいて校訂した『般若心経』を中村元教授が若干の改訂を加えたサンスクリット語の『般若心経』を東洋大学渡辺章悟教授が和訳したものが、左記の文章です。

① かたちのあるもの（色）は空の性質を持つもの（空性）であり、空の性質を持つものこそが、まさにかたちあるものである。
② かたちあるものと空の性質と別ではなく、空の性質とかたちあるものは別ではない。
③ およそかたちのあるもの、それが空の性質を持つものであり、空の性質を持つもの、

それがかたちあるものなのである。

このサンスクリット語の「色即是空　空即是色」に相当する文章の特徴は、玄奘三蔵は二段であるのに対して法月の解釈と同様に三段となっていること及び「シューンヤ（空）」という表現ではなく、「シューンヤター（空性又は空の性質を持つもの）」と表現され「空」と「空性」を使い分けていることです。

なお、宮坂宥洪氏は著書『真釈般若心経』100頁で、原語の「シューニャター」は抽象名詞であるので「空なること」ことを意味し、「シューニャ」は「空なるもの」と説明されております。

上記のように「色の本質の問いに答えて空　空の本質の問いに答えて色」には多種な翻訳があり、多くの解説本が存在します。解説本を読んでいると、「空」の本質を学ぶことを忘れ、解釈の方法や文字に執着している自分に気が付かされます。私同様に文字にとらわれ、文字に執着して解釈を試みる著者がおられます。このため、思い掛けない喩え話で「空」を説明する本も現れております。「色即是空　空即是色」は難解な文章であると感じられるのは、空の本質を学ぶことが難解ではなく、玄奘三蔵の文章が難解なだけなのかも知れません。

「色即是空　空即是色」を「心の働き」つまり認識するという観点と「空」という言葉の観

点から解釈をしてみます。『般若心経』の漢訳者である玄奘三蔵は唯識論の第一人者でありますので、唯識の思想が般若心経の翻訳に影響を与えているものと思います。唯識論では、心は必ず対象をもって働くと考えます。この対象を認識するというのは「主体（見るという側面）」と「客体（見られるという側面）」が存在し、一体となって認識を成立させると考えます。認識の対象（見られる側面）が何故心の働きと関係するのかといいますと、認識の対象は心の外に存在するものではなく、見る者の主観的な働きにより描きだされたものだからなのです。心で捉えた対象物は人それぞれに異なった映像を心に写しだすのです。これは、一本の杉の木をゴッホが描いた場合とピカソが描いた場合では同じ一本の杉の木であっても同じ絵にはならないと考えられる如きなのです。見られるものは見る者の心の外に存在するものをそのまま写したものではなく、見る者の主観に依存して描かれた像なので「相分」と呼ばれます。

「見分」とは相分を見ている心の働きのことであり、ものを直覚的に認識し、比較や推定して認識する能力を有するが、自分勝手な解釈などをするので誤った認識をすることがある心の働きなのです。相分と見分の拠り所となるのが自証分であります。認識をするために、心が働くとき、ものを見る一面と見られる一面そして主体となる一面が存在するが、この主体となる一面が自体分であり自証分なのです。さらに、成唯識論では第四の心の働きである証自証分が存在すると考えられています。何故ならば、証自証分がないと自証分の働きを明らかにすることができないからであると説かれています。成唯識論で説かれる「四分義」とは「相分」「見分」「自証分」と「証自証分」のことです。見分が相分を見て、自証分が見分を見て、証自証分が自証分を見る。自証分が見分を見るということは、心が内から外に向かって判断するが、見分は身勝手な判断をするので、心（見分）と心（自証分）が相互に見つめ合うことがないのです。その結果、証自証分の存在が必要であるといわれています。自証分と証自証分が相互に見つめ合うことにより、考え違いを反省したり、自分の心を見つめ直したりすることができるといわれています。このような心の構造を前提にして、「色即是空　空即是色」が説かれたのではないでしょうか。

このような心の働きの観点から解釈するならば、「色不異空」の「色」は相分に相当し、この相分に相当する物資的現象の本質は「空」と異なるものではない、つまり諸行無常なのです。「空不異色」は相分を見ている見分すなわち主体の心の働きも空であり、諸行無常なのです。この結果、色（物質的現象）を見つめている心の主体の本質が空であるので、色の本質である空と異なるものではないことが説かれているのです。

次に、「空」という言葉の観点から解釈をしてみます。「空」とは述語であり主語を修飾する言葉と考えるべきなのです。つまり、空の意味は「他に依存して存在するもの」とか「自性がないもの」または「無常なもの」などを意味する言葉なので、空を主語として理解すると矛盾が生じます。「〇〇は空という本質をもっている」というように、主体の性質を表現するために「空」を用いると言葉の意味が明確になるのです。「物質的現象の本質は空であり、物質的現象を見ている主体の本質も空であるので、物質的現象と物質的現象を認識する主体の本質は異なるものではない」と解釈すれば、玄奘三蔵の漢訳が理解できるようになります。「受不異空　空不異受」の場合はどうでしょうか。受という心の働きは空である。外界の刺激を心で感じる主体の本質も空であるので、受は空であり感受する主体の本質も空であるので、空という意味において異なることはないのです。

第三節　観自在菩薩

第一項　観自在菩薩

菩薩とはサンスクリット語のボディサットヴァの音写語であり、菩提薩埵を短縮した言葉です。ボディの漢訳は「覚り」であり、サットヴァの漢訳は「有情（感情を持つもの）」などの意味がありますので、菩薩は「覚りを求める有情」ということになります。なお、仏伝では、釈尊の自己犠牲を厭わぬ成道前の姿を「菩薩」と呼んでいます。

部派仏教は、釈尊の言葉を承継し、自らの煩悩を消し去ることを修行目的とした仏弟子により担われていた仏教であり「声聞乗」と言われます。大乗仏教は、煩悩を消し去り覚りを開くことを目的とする「自利行」と悩み苦しむ衆生を救済する「利他行」を行うことが仏陀になるための道であると考える修行者により担われた仏教であり「菩薩乗」と呼ばれることがあります。さらに、菩薩には「菩提を求める菩薩」とすでに「菩提をそなえた菩薩」とに分けることができます。『般若心経』に現れる観自在菩薩は「菩提を求める菩薩」ということができます。

菩提をそなえた偉大な菩薩は、仏に代わり有情を救済するので信仰の対象となり我々に身近な存在でもあります。

観音菩薩は、大乗仏教や密教では重要な菩薩として取り扱われています。観音菩薩が説かれている有名な経典は『法華経』の「観世音菩薩普門品」です。『般若心経』の漢訳では、玄奘三蔵は観自在菩薩と漢訳し、鳩摩羅什は観世音菩薩と漢訳されております。観世音菩薩は有情の救いを求める声を聞くと、その音声を聞き直ちに有情を苦悩から救済すると言われ、観自在菩薩は有情の救済が自在であると解釈されます。しかしながら、大興善寺三蔵沙門智慧輪は「観世音自在菩薩」と漢訳していますので観世音菩薩と観自在菩薩の違いにこだわる必要はありません。

第二項　行深般若波羅蜜多時

般若はサンスクリット語で「プラジュニャー」です。その意味は「智慧」です。この智慧と識は同じ意味ではありません。識は概念や言葉により対象を理解することであるので、言葉などによる理解は事実から乖離する恐れがあります。他方、智慧はありのままに事実を知ることです。

波羅蜜多は「パーラミター」の音訳で「パーラム」と「イタ」の結合語で意味は「対岸に達すること」とか「完全な成就」という意味であると言われております。般若と波羅蜜多は結合した形で使用されるので、「完全な智慧」と解釈されます。平川教授は「般若についてはいろいろな説明があるが、しかし、一つの解釈で般若の全体を示すことは難しいが、それぞれの解説が般若の一面を示しているとみることができる」と解説されております。各解説書の智慧の解釈の表現方法に違いがあることの事例として、三名の教授の智慧についての解説を紹介します。

(i)　中村元教授の解説（現代語訳大乗仏典1『般若経典』154頁）

中村元教授は「般若は原語プラジュニャーの音訳であるといわれるが、厳密にいうと、プラジュニャーの俗語形を漢字にうつしたものである。人間が真実の生命に目ざめたときにあらわれる根源的な叡智のことで、ふつうにいう判断能力としての分別知と区別するために、般若と音訳のままに用い、無分別知ともいう。本書では般若を智慧、分別知を認識と書き分けてある」と説明されています。さらに、中村元教授は「波羅蜜多は原語パーラミターの音訳。このことばの意味については種々の意見が出されている。……この翻訳では後者（完全に到達せること、と解釈する説）に従い「完成」と訳してある。故に般若波羅蜜多とは、智慧の完成の意味となる」と解説されています。

（ii）大正大学高神覚昇教授の解説（世界教養全集10『般若心経講義』132頁と138頁）

高神教授は「般若の智慧を、仏教では、実相《じっそう》と観照《かんしょう》との二つの方面から説明しております。実相とは真理の客体で、観照とは真理の主体です。何ぴとも認めねばならぬ、ものの道理と、それに合致する智慧が、つまりこの実相と観照との二種の般若です」と解説されております。なお、観照とは主観を交えず、対象のあるがままの姿を眺めることです。さらに、智慧について、高神教授は智慧には聞慧・思慧・修慧の三種類に分けていますので、その要点を示しますと「一番目の聞慧は耳から聞くことにより身に付けることのできる智慧であり、二番目の思慧は耳で聞いた智慧を心で思い直し、考え直した智慧のことです。思索して得た智慧で、哲学の領分です。三番目の修慧は実践によって把握される智慧で、自ら行ずることによって得た智慧のことで、本当の智慧ということができる」と説明されております。

（iii）平川教授の解説（『般若心経の新解釈』42頁）

平川教授の要点を整理するならば、「われわれの心の中には、煩悩がある。これらの煩悩が正しい智慧の活動を妨害する。そのために、これらの煩悩の力を弱め、滅せしめるための努力が波羅蜜の修行である。そのために波羅蜜の実践は般若と一つに結び付いている。修行に裏打ちされた智慧が般若である。

般若の特色は、ありのままに〈如実〉にものを知ることである。これを〈見る〉とも言う。何故ならば〈知る〉という心作用には主観の作為が入り易い。作為が入ると理解がゆがめられて般若でなくなる。これに反して〈見る〉というのは作為の入る余地は少なくて、ものをありのままに知る点が強い。故に、般若を〈如実知見〉という」と解説されています。

三人の学者は三様に智慧という真理をそれぞれの角度から深く抉《えぐ》り解釈されています。さらに、道元禅師は『正法眼蔵』「摩訶般若波羅蜜」では「般若波羅蜜とは智慧の完成という意味であるが、その相は空であるが、体は智慧であり、智慧は諸法を出現させる根源である」と捉えています。

それでは、何のために智慧が必要なのでしょうか。苦厄の根源は執着心にありますが、執着心は生存の力であり成長の原動力でもあるのです。必要な執着心を残し、残りのすべての執着心を心から切り離さなければ苦厄は生滅しない。しかし、必要な執着心とは何か、欲望を生み出し、怒りを起こさせる執着心をどのようにして心から離すことができるのか、という難題を解決するために主観を交えない判断力と事実を見つめる能力を高めるために修行をなし智慧を身に付けることが必要なのです。

第三項　舎利子

舎利子とは舎利弗とも呼ばれ釈尊の十大弟子の一人であり、智慧第一の弟子のことですが、『般若心経』で舎利子と書かれているのは、空の思想を伝えるために観自在菩薩が舎利子に声をかけたのですが、読み方によっては、我々に向かって「空」とは何かを説くために、〝衆生よ〟と呼ぶのに代えて〝舎利子よ〟と呼びかける形式で書かれたものと解釈することもできます。

第四項　五蘊と無我

五蘊の「蘊」とは同類のものの集積を意味します。五蘊とは色蘊・受蘊・想蘊・行蘊・識蘊の五つの要素のことをいいます。色蘊が客観的なものとするならば、主観的なものである精神的要素は心の対象への接触から認識までを四つの段階すなわち受・想・行・識に分類したものをいいます。このことが物質と精神が別々に存在し作用していることを意味するものではなく、五蘊が仮に集合したものが人間であると仏教は考えています。

観自在菩薩が「照見諸行皆空」ではなく「照見五蘊皆空」と表現した理由は、諸行には無為法が含まれていないので無常なるものでありますので、諸行皆空という表現は誤りではありません。しかし、『般若心経』は感情を持つ有情を対象にしているので「五蘊皆空」が説かれていると解釈できます。

苦しみや悩みは心の働きにより生ずるものであり、肉体的苦痛が必ずしも苦痛を生み出すとはいえません。冷たい海に入水するのも、いやいや行うならばそれは苦痛ですが、しかし、望んで入水するならば苦しみではないのです。このように、苦痛を感じる主体や苦痛から解放される主体を考えるとき、心の奥に存在する他に依存することがない不変な自己の存在を感じるのではなかろうか。それを「我」であると表現することができます。

各五蘊には、自分の存在を他の何ものにも代えがたいものであると思わせる要素が存在する。この存在が、恒久的に存在する主体性を持つ自己（我）であると人間は勘違いしやすいのです。五蘊とは何かを検討し、そこに我の存在を感じさせる要素の存在を考えてみます。
（i）色蘊ですが、「色」には広狭の二つがあります。一つは「色蘊」と言われるもので、広義の色で物質的存在を意味します。狭義の色は色境の「色」で色《いろ》とか形《かたち》とかを意味します。有情の色蘊とは身体のことです。個人の行動を促す心の働きである意志は身体に行動をさせ、自己実現をはたすので、身体と自己（我）は一体となり存在していると思い込むのです。

（ii）受蘊の「受」とは、身体で感じる痛みや心で感じる苦楽のように外界の刺激を心で認識する最初の段階のことです。

足を椅子にぶつけて「痛い」と感じるのは足をぶつけた本人でなければ理解できないのです。子供が感じている痛みを子供に代わって親が痛みを感じることもできないのです。喜びは共有しあうことで、より大きな喜びを感じ取ることができますが、時間の経過とともに一緒に喜んだ友人はすでにその感動が消え去り、本人のみが喜びの感動を持ち続けていることがあります。苦痛や喜びを感受しているのはそれぞれの個人の心の働きに帰属しているのです。感受作用が自分一人に帰属していると感じた時に孤独感を感じ、他人と異なる自己の存在に目覚め、自己を自己たらしめる我が存在すると思い込むのです。

（iii）想蘊の「想」とは、表象作用のことです。辞書（広辞苑）によると「表象とは知覚に基づいて意識に現れる外的対象の像」とのことですので、外界の刺激を感受した心の次の働きは、想像することであるといえます。つまり、具体的に思い描く心の働きといえます。例えば、ある人は、音楽を聴いて美しい川と山岳の景色を思い浮かべるかもしれないが、他の人は、何も思い浮かばないかも知れません。想像力は人間の個性そのものであり、他人との違いを感じ、自己（我）の存在を意識させ、我が存在すると思い込ませるものです。

(iv)　行蘊の「行」はサンスクリット語でサンスカーラと言われ「言語の正しい使用」とか「心の創造」という意味があり、漢訳では「行」・「諸行」などと表現されます。「行」にも広狭の二義があると考えられます、広義には「作られたもの」を意味し、狭義では十二縁起で説かれる「行」のことで、意識を生ずる意志作用のことを意味すると解釈されます。

行蘊としての「行」を『倶舎論』では、受・想・識の三つの心の働き以外の心の働きを意味すると説かれています。行蘊は想蘊と識蘊の間に存在し、想像された対象を識別する働きたる識に結び付けるための心の働きで、環境や経験など様々な要素が絡み合い意識的な行動を生起させるので「行」は意志であるということができます。「意志」は物事を成し遂げるための心の働きであり、願望する自己の行動を主張する力であるので、自己の存在を裏付けるものといえます。自己の行動を主張する行為は、人間のみだけではありません。散歩している犬でさえ、飼い主に逆らい、これ以上歩かないと座り込む光景をしばしば見受けることがあります。犬や猫でさえ自己の願望を主張することにより自己の存在を訴えています。意志は自己に執着する心の働きであり、自己（我）が存在するものと思い込ませる重要な要素なのです。

（v） 識蘊の「識」について『倶舎論』では「心と意と識は同義語と解し、五蘊でいえば識蘊、十二処でいえば意処、十八界でいえば七心界（眼識界、耳識界、鼻識界、舌識界、身識界、意識界と意界）のことである」と説かれています。識とは、色・声・香・味・触・法という六つの認識の対象を判断する眼識・耳識・鼻識・舌識・身識・意識の六つの識を統合したもののことで、総合的な判断力であり、思考の主体なのです。識は自我が存在すると思い込ませる根源であるといえます。

（vi） 五蘊無我と諸法無我

これまで検討してきた五蘊の各要素のそれぞれに「自己を自己たらしめる要素が存在しているので、我々は「自我が存在する」と思い込むのは当然です。しかし、この「我」というものは心が作り出すものであり実体は存在しません。仏教でも「五蘊無我」や「諸法無我」という教義が存在していますので、「我」の存在が否定されているように理解されます。「五蘊無我」とは、人間は五蘊という五つの要素が因縁により集合したものであり、この集合は一時的に集合したものであるので、いつかは消滅する宿命にあるのです。従って、恒久的存在となる我は存在しないとする考え方なのです。「諸法無我」も同様に、この世に存在する事物は何一つとして単独で生じ存在するものではない。この世に存在するものは相互に依存し合う関係にあり、何一つとして、己だけで存在できるものはない。この世の諸物は持ちつ持たれつの関係であり、因縁の世界における存在であるとする考え方なのです。

第五項　度一切苦厄

現存する『般若心経』の梵本には、「度一切苦厄」に対応する文章は存在しないと言われています。菩薩は利他行を成仏の条件としていますので、観自在菩薩は有情の苦厄を取り除かなければ般若波羅蜜多を修習する目的を達成することができません。「度」という言葉には「他人を彼岸に渡す」という意味がありますが、有情の苦厄を取り除くことは有情の願望を叶えることですので、有情を彼岸に渡したことと同一の意味になります。「度一切苦厄」は智慧の完成を目指して修行する菩薩にとって欠くことのできない目的であるので「般若波羅蜜多」と一対となる無視できない重要なる文章と考えるべきでしょう。

第三章

空の特徴（相）

舎利子。是諸法空相。
不生不滅。不垢不浄。不増不減。

【意訳】

舎利子よ、このようにすべての事象の本質には実体がないので空と呼ぶことができる。空の相すなわち特徴は不生不滅、不垢不浄、不増不減という言葉で喩えることができるのです。一番目の不生不滅は「空」が縁起を意味することの喩えであり、二番目の不垢不浄は「空」が相互依存関係を意味することの喩えであり、三番目の不増不減は「空」が中道であることを意味する喩えなのです。

【解説】

『般若心経』を読んでいると、「空」という言葉に気持ちが惹きつけられますが、「空」という言葉を理解するために、大乗思想を宣揚した龍樹の思想を少しだけ覗いてみます。中村元教授著『龍樹』381頁によりますと、『中論』の第二十四章第18偈に「どんな縁起でも、それをわれわれは空と説く。それは仮に設けられたものであって、それはすなわち中道である」と訳されております。

この句を解釈するならば、縁起がまずあり、縁起という概念と切り離せない概念として「空」が存在する。縁起により生じた諸事象には実体がないので「仮説《けせつ》されたもの」としか表現しようがない。空の世界とは、「有る」とか「無い」とか、「好き」とか「嫌い」とかのいずれにも偏った思考をすることなく、あるがままに諸事象を認識する世界でありますので、中道の世界といえるのです。つまり、「空」とは、縁起であり、仮説されたものであり、中道なるものといえます。このことをもう少し詳しく説明いたします。

最初は、縁起と空についてです。縁起という概念は仏教の最も重要な教義であります。さらに、縁起とは他のものに依存して生ずるものでありますので自性が無く、恒久的自己同一性を有しないものなので、縁起とは空性であるということができます。

次に、空と仮説についてですが、この世の諸事象は縁起により生じ、縁滅により変化していくので、諸事象は永遠に存在するものではない。この観点から考えても諸事象を仮の姿と言うことができます。さらに、諸事象の存在を概念として認識し、言葉により表現することにより我々の生活が成立しています。しかし、作り出された概念や言葉には実体が無く無自性であるので、概念や言葉により存在する諸事象もまた仮の姿であると言うことができます。この言葉や概念が、我々の心を揺り動かして悩みや苦しみの原因となるのです。

三番目として、空と中道についてであります。空について『岩波仏教辞典』238頁を引用するならば、空とは初期仏教では「空虚なるもの」とか「虚ろなるもの」であり、般若経では「無執着なあり方」であり、龍樹は「空は無に等しいものではなく、すべての事物が無自性にして縁起することを意味する」と説明しています。このように、空をひと言で表現するのは難しいのですが、空の世界は実体がない無常な世界であるが故に、空の世界の事象は流動的な世界であり繋がりながら変化している世界であるということができます。変化とは「何かが変化する」ことであって「何か」が存在しなければ変化は成立しません。「何か」とは存在するものですので、存在が成立するためには原因が必要なのです。キリスト教の世界や古事記の世界では、その原因は神なのです。しかし、仏教の世界では「神」は存在しませんので、その原因となるものは縁であり、縁が存在を生起させます。つまり、多くの縁が集まることを衆縁と表現し、この衆縁により新しきものが成立するので、このことを縁起と表現しています。縁起により成立した事象は流動的存在であり、変化する世界ですので、好きなものを嫌いになり、嫌いなものを好きになったり、種が芽になり花となったり、永遠に存在すると思われたものが突然存在しなくなるという世界なのです。このように、縁起の世界は、事象が絶えず変化する世界であり、空の世界であるということができます。空の世界は無執着の世界なので一方に偏ったものの見方をしない世界なので、「中道の世界」ということができます。

中道という概念を具体的に表現するならば、有名な中道に「苦楽二辺の中道」と「有無二辺の中道」があります。「苦楽二辺の中道」は快楽主義と苦行主義の両極端に偏らないということです。身体に休養を与え正しい智慧を生み出す範囲の快楽は肯定されるべきであり、精進する意志を強靭なものにする範囲の苦行は否定されるべきではないとする思考を「苦楽二辺の中道」ということができます。

「有無二辺の中道」とは、有るとか存在するという考えと、無いとか存在しないという考え方の両極端な考え方から離れるということであります。『カーティヤーヤナへの教え』という経において、「有る」と「無い」の両者が釈尊により否定されたと『中論』第十五章〈それ自体〉（自性）の考察の第7偈で説かれています。さらに、中村元教授著『龍樹』355頁の『中論』第十五章第10偈には「〈有り〉というのは常住に執著する偏見であり、〈無し〉というのは断滅を執する偏見である。故に賢者は〈有りということ〉と〈無しということ〉に執著してはならない」と説かれています。しかしこれだけでは「有無二辺の中道」を語りつくしているとは思えません。何故「有る」とか「無し」にこだわることが問題なのでしょうか。

我々が精神的存在を語る時「有る（存在する）」とか「無い（存在しない）」ということが重要なるテーマとなります。例えば、彼には「誠実さ」が有るのか無いのか、仕事や勉強に対して「意欲」が有るのか無いのか、彼女には私を「愛する心」が有るのか無いのか、神は存在するのか存在しないのか、霊魂は存在するのか存在しないのか。これらの精神的存在は当然のこととして、事実確認ができない事象であるので、想像力が事実を作り上げるのです。このような心の働きが言葉となり、概念となるのだが、桂紹隆・五島清隆著『龍樹根本中頌を読む』185頁によると「古代の仏教徒は言葉というものを、実質的には私たちの心の中から始まると考えていたように思われます。私（という意識・存在）は言葉によって始まり、その言葉によって知覚対象の文節・表示・認知・概念化が進展し・分析的思考・様々な見解・主張・学説へと発展していきます」と解説しています。このように、言葉や概念は心の働きにより生ずるので、誰しもが主観的で、恣意的な観点から判断し、語ることになるので、言葉は戯論の範囲より離れることができません。

戯論と空について『中論』第十八章第5偈を中村元教授著『龍樹』364頁において「業と煩悩

とが滅びてなくなるから、解脱《げだつ》がある。業と煩悩とは分別思考から起こる。ところでそれらの分別思考は形而上学的論議（戯論《けろん》）から起こる。しかし戯論は空において は滅びる」と訳されています。戯論とは無意味な議論のことで主観的かつ感情的な執着心が起因となっているので、執着心の無い空の世界では戯論は存在しなくなるのです。「有と無二辺の極論」にこだわるということは、絶対的証拠により立証されても、主観的に思い込まれている事象にこだわることでその思考を変化させることができず、硬直的で融通性のない思考となり、論争にまで発展し、怒りという煩悩を生起させることになるのです。空とはいずれか一方に偏ることの無い無執着の世界であり、思考は弾力的でありますので、中道の思考は心の迷いを消滅させるが故に、煩悩を消滅させることが可能となるのです。この意味において「有無二辺の中道」は重要なる空の思想といえるのです。また、中道の思考は八正道で説かれる「正見」であるといえます。

次に、縁起・仮・中道という概念と不生不滅・不垢不浄・不増不減という表現がどのようにして結び付くかを検討します。

第一節　不生不滅（縁起は空なり）

仏教は、生滅に関して縁起という概念が用いられます。縁起とは因縁生起の略で、原因に依存して生起することです。その直接的原因を「因」と呼び、間接的原因を「縁」と呼ぶので、直接及び間接の原因をまとめて「因縁」と呼んでいます。一般的には、縁起は原因と結果の時間差のある縁起ですが、原因と結果に時間差を求めない縁起も存在します。例えば、「短」があるとき「長」があるとする相互依存関係も縁起であると考えられています。

龍樹は、原因と結果のそれぞれに自性（持続的自己同一性）が存在するならば、縁起は成立しない、原因と結果がそれぞれ「空」である時に縁起が成立することを「四不生」を説くことにより論証しています。この「四不生」については中村元教授著『龍樹』321頁に『中論』第一章第1偈に「もろもろの事物はどこにあっても、いかなるものでも、自体からも、他のものからも、（自他の）二つからも、また無因から生じたもの（無因生）も、あることとなし」と訳されています。

自体から生ずることとは、原因と結果が同一であるということで、自体が原因となり、その自体が結果となるということになりますので、それ自体が変化することを意味することになります。しかし、自性を有する限り、自体は自身を変化させることができないのです。何故ならば、自性とは恒久的自己同一性を意味するからです。無自性なるものであればこそ、やがては変化するのです。

他のものから生ずることとは、原因と結果が異なるものであることを意味します。他のものが原因となって、自体という結果が生ずることも論理的でもなければ、現実的でもありません。何故ならば、自体という概念があるから他体という概念が存在するにすぎず、自体と他体との間に依存関係が存在するものでもありません。他体も自体もそれぞれ自体としてすでに生じているので、自体も他体も自性を本質とする限り、何ものも生起させることができないのです。

自他の二つから生ずるとは、自性を特質としている「自己」と自性を特質としている「他のもの」が集合するという誤った前提での推論なのです。それぞれ自性を特質としている自と他の両者が変化なくしては合一することは有りません。

無因から生じたものとは、無因より生ずることを意味しますが、無因より生ずることを認めると因果関係と無関係でものが生ずるということになり論理的に成立しません。

このように変化することのない自性を本質とする存在は、何ものも生ずることができません。変化することを本質とする無自性の存在のみがものを生み出すことができます。事象の本質が無自性である世界は衆縁の世界であり、空の世界なのです。

縁起と空の関係を四不生ということで龍樹は上述のとおり説明しております。本節の命題である不生不滅という文言は有名でありますが、龍樹の説く八不の中に「不生不滅」が説かれていますので、中村元教授著『龍樹』320頁より『中論』帰敬序の訳を引用しますと「何ものも消滅することなく（不滅）、何ものもあらたに生ずることなく（不生《ふしょう》）、何ものも終末あることなく（不断）、何ものも常恒であることなく（不常）、何ものもそれ自身と同一であることなく（不一義）、何ものもそれ自身において分かたれた別のものであることはなく（不異義）、何ものも〔われらに向かって〕来ることもなく（不来）、〔われらから〕去ることもない（不出）、戯論《けろん》（形而上学的論議）の消滅というめでたい縁起のことわりを説きたもうた仏を、もろもろの説法者のうちでの最も勝れた人として敬礼《きょうらい》する」と書かれています。この八不（不滅・不生・不断・不常・不一義・不異義・不来・不去）は生・滅・常・断・異・一・去・来という邪見を縁起という概念に基づいて論破しているといわれています。これを具体的に理解するために、我々の一生を考えてみて下さい。十歳の時、二十歳の時、四十歳の時、七十歳の時の自分を見ると、体形は変わり、趣味も変わり、希望も変わり、全てが同じ人間かというと、同じ人間とは思えません。しかし、異なる人間かというと異なる人間でもないのです。これは不一不異であり、不断不常なのです。このように、目に見えるものの変化は感覚的に認識することができるのですが、目に見えないものや耳に聞こえないものなどの感覚では認識できないものの変化を認識するのは困難なのです。しかし、感覚で認識できないものの変化を理解するならば、全ての事象は、その本質は無自性であり、変化の世界や縁起の世界の中に存在し、変化を繰り返しているということができます。生ずるとか滅するという事象は全て変化にすぎず、縁起の世界では生とか滅が存在しないことを「不生不滅」が物語っているのです。

このように、諸事象はいずれからも生じるものではなく、縁起により存在しているので、このような存在を「空」と表現されるのです。龍樹が「どんな縁起でも、それをわれわれは空と説く」と説いているのはこのことなのです。

なお、道元禅師は空の思想にとらわれないが「不生不滅」について興味深い解釈をされています。増谷文雄全訳註『正法眼蔵（八）』196頁によりますと「生と死のありようは、生から死に移るのだと思うのは、全くの誤りである。生とは、それがすでに一時《いっとき》のありようであって、そこにもちゃんと始めがあり、また終わりがある。だからして、仏法においては、生はすなわち不生であるという。滅もまた、それがすでに一時のありようであって、そこにもまた始めがあり、終わりがある。だからして、滅はすなわち不滅であるという。……」と訳されております。

第二節　不垢不浄（相互依存による存在は空なり）

「不垢不浄」を空相とは関係なく解説されることが多いのですが、この句は諸法空相（特徴）を説明するために書かれていますので、空相に関係づけて「不垢不浄」を解説いたします。

中村元教授は、『中論』第二十三章〈顚倒した見解の考察〉を著書『龍樹』376頁で次のように訳されています。

第10偈「浄に依存しないでは不浄は存在しない。それ（不浄）に縁って浄をわれらは説く。故に浄は不可得である。」

第11偈「不浄に依存しないで浄は存在しない。それ（浄）に縁って不浄をわれらは説く。故に不浄は存在しない。」

中村元教授以外の『中論』の翻訳者は第二十三章を必ずしも「浄」とか「不浄」という言葉を用いて訳してはいませんが、一方が存在しなければ他方が存在しない旨が述べられていますので、第二十三章の解説の内容は同じですので、中村元教授の訳に基づいて解説をいたします。我々は存在する事象について木とか人間とか単純な言葉で表現をしますが、諸事象をより豊かに表現し、事実や感情をより正確に伝達することを可能ならしめるために相対的な表現をすることがあります。相対的とは一方が存在するとき他方が存在することを意味します。例えば、この熊は大きいとか、町までは遠いなどの表現です。これらの「大きい」とか「遠い」という概念はそれ自体では存在し得ないのです。小さい熊が存在するから、大きい熊が存在し、「近い」とは「遠い」という概念が存在するから用いられるのです。相対的表現は相互依存による表現ということもできます。このように相互依存により表現される諸事象は実体が無いので空そのものといえます。「不垢不浄」の句は「浄」がなければ、「垢」も存在しないとする相互依存による関係を示すものであり、この相対的表現は「空」を具象的に表現したものであり、空の特徴（相）を説いたものなのです。

第三節　不増不滅（中道は空なり）

すでに空の特徴の解説（44頁）で「縁起とは中道のことである」と説かれる理由を述べました。龍樹の学徒を中観派と呼びますが、中観派において「中道」が重視されていたようですが、「中道」という表現は龍樹の『中論』全体でただの一回しか用いられていないようです。中道とは先にも述べたようにいずれかに偏ったものの見方をしないことであると理解できます。偏った見方とは、執着する心の働きがなせる作用なのです。五官が生み出す欲望にいつまでも執着したり、誤った思考に執着したり、自我に執着するなどの多種多様な執着心が存在します。執着心無くして進歩はないので、執着心は人生にプラスをもたらす重要な要素でもありますが、逆に物質や愛情そして思考などに対する深い執着心は進歩を妨げ、精神的苦痛を生じさせる原因になるのです。空とは執着心より離れたところに存在するのです。

『般若心経』で説かれる「不増不減」は「増えることも無く、減ずることも無い」と変化する世界を否定しているかの如くで、空性を否定していると解釈することができますが、ここでは、二極を離れた中道を説くものと解釈するのが相応しいのです。

この不増と不減という表現は、生活の上で片寄りやすい価値観を否定するものです。「不増不減」の「不増」とは価値が上がったとか量が増えたことにこだわらず、「不減」とは価値が下がったとか量が減ったことにこだわらなければ、増減に一喜一憂することがないので諸事象に執着せず有るがままに観ることができるとする「中道」を具体的に表現したものであり、空の相（特徴）を説いているものといえるのです。

なお、成唯識論に「斯れに由って増・減の二辺を遠離して、唯識の義成じ中道に契会《かいえ》せり。」と記述があります。加藤弘二郎氏は『唯識三十頌を読む』で増・減の増は心の外にはないはずの存在物をあると見誤ることと、減とは心の中にある「虚妄分別」をないと見誤ることを排除し、もって中道の意味であると解説しています。

第四章

空の実践（無執着）

是故空中。無色。無受想行識。無眼耳鼻舌身意。無色声香味触法。無眼界。乃至無意識界。無無明。亦無無明尽。乃至無老死。亦無老死尽。無苦集滅道。無智亦無得。

【意訳】

このように、空の世界観に立つならば、色に執着すること無く、受想行識にも執着することが無く。六根である、眼・耳・鼻・舌・身・意に執着すること無く。六根の認識対象である、色・声・香・味・触・法にも執着すること無く。十八界を構成する眼界から意識界にも執着することが無い。十二縁起に説かれている無明に執着することが無く、無明が尽きることにも執着することが無く。老死に執着すること無く、老死が尽きることにも執着することが無い。仏法の四諦の教えである苦・集・滅・道にも執着せず、これらの法を知る智慧に執着せず、悟りの境地にも執着しない。それが空の実践なのです。

［解説］

第三章では、空の姿を身近なものとして理解するために空の相《かたち》を譬喩により解釈しました。第四章は、物事に執着しない空の世界を実践するための心構えを築くことを目的として説かれています。是故空中以下の文章には、重要なる仏教教義が述べられていますので、無の意味を検討した後に教義の解釈を中心として説明をします。

第一節　無の意味するところ

科学が著しく発達した現代の社会では、「空」とか「諸行無常」を説いても、どれ程の興味が沸き、価値のある言葉になるでしょうか、まして五蘊皆空という文言のみでは苦を減じる特効薬にはならないでしょう。空を説く目的は、一つの事象や一つの言葉にこだわる執着心から離れることにより、有情を悩みや苦しみから解放させることにあります。「執着より離れた心」を可愛がっていた猫三匹のそれぞれの死に際しての　行動の中に見つけました。猫は己の肉体状態を知り、死の準備をし、私に別れの挨拶（？）をしてくれた振舞いに三度出会い、「生」に対する執着を捨てた猫の姿を見つめることができました。苦悩から逃れるためには、こだわりや執着する心から離れることの重要性を思い知らされました。

『般若心経』では非常に多くの「無」が用いられています。「是故空中」以下の文章では、釈尊の教えを高度な哲学として確立したアビダルマ仏教の重要な教義である「三科」や「十二因縁」そして仏教の基本教義である「四聖諦」と仏法の修行目的でもある「智慧の完成や悟り」に「無」が付せられています。

「無色から無智亦無得」までの「無」について、無執着の「無」の意味として私は意訳しましたが、一般的には、「無」をそのように解釈しておりません。是故空中以下の文章についての解説本の書き下し文の例として、池田魯参教授著『般若心経』129頁と138頁および151頁の文章を引用させていただきますと「是の故に空の中には、色も無く受も想も行も識も無く、眼も耳も鼻も舌も身も意も無く、色も声も香も味も触も法も無く、眼界も無く、乃至意識界も無きなり。」「無明も無く、亦無明の尽きることも無く、乃至老死も無く、亦老死の尽きることも無し。」「苦も集も滅も道も無く、智も無く、亦得ることも無し。得る所無きを以ての故なり。」と書かれています。その他の解説書も大体同様な書き下し文であります。

無色から無智亦無得までの文章で繰り返し使用されている「無」の解釈を三つに分類することができます。その一つ目は「無は釈尊の教えである法を否定する意味である」とする解釈、二つ目は「無は空と同じ意味である」とする解釈、三つ目は「無は無執着を意味する」という解釈です。

一つ目の「無は法の存在を否定する意味である」と主張するのは、花園大学佐々木閑教授の解説で、著書『般若心経』74頁で「釈迦が苦労して見つけた、この二つの重要な教えを『般若心経』は二つながら無化してしまいます。／「六根」や「六境」などの基本要素はないと断じたのと同じように、「無明」や「老死」のような十二支縁起もなければ、四諦のようなメカニズムもまぼろしであるというのです」と記述されているので「無を法の存在の否定である」と考えているようです。さらに、『般若心経』19頁と20頁では、五蘊について「人間という存在は、この五つの要素が、ある特定の法則にしたがって作用しあい、関係しあうことによって存在している、と釈迦は考えました。「五蘊はある」と釈迦は言ったのです」と説明した後に、観自在菩薩の照見五蘊皆空について佐々木教授は、「『般若心経』は、「そのような五蘊はぜんぶ錯覚だ、実体がないものだ」と主張するのです」ということを理由として『般若心経』は釈迦の教えを否定したと論じております。しかし、「空」というのは、五蘊は存在するが、その本質に「恒久的自己同一性」が無いことを意味するものであり、五蘊の存在を前提にした「五蘊皆空」であるのです。『般若心経』は佐々木閑教授が主張する釈迦の教えを否定するものでもなければ、法の存在を否定するものでもありません。

二つ目は「無は空と同じ意味である」とする説で、最も多い解釈です。西暦七五二年頃、日本における最初の解説本となる南都元興寺の釋智光の著書『般若心経述義』において、「四聖諦、一切皆空に達す。所以、无という〈四聖諦はすべての空に通じているので、これを無という〉」という記述がありますので、智光は「無と空とは同じである」と理解していたと推測できます。智光以外でも無と空を同じであると解釈する例は多数あります。高神覚昇教授は著書『般若心経講義』162頁で、「『空の中には色もない、受、想、行、識もない』といえば、私どもも、私どもの住んでいる世界も、つまり、いっさいのものはすべて空なる状態にあるのだ、ただ因縁によって仮にあるものであるから、執着すべき何ものもない」と説明がなされていますので、無と空は同一であると解釈されていると思われます。無の解釈に特徴があるのが池田魯参教授で、著書『般若心経』136頁では三科に付された無について「無の字は、『不』や『空』同様、単なる否定の意味のみを表すのではなかったからである。無は超越の意、絶対の意である」と説明されています。続けて十二因縁について、同著147頁では「無明も無明が尽きることもない、ないし老死も老死が尽きることもない、と示したのは、まさしく部派仏教のこのような縁起解釈を超えようとする立場を打ち出したのである。三世両重のような形式的、固定的な理解をきっぱり捨てて、単刀直入に縁起の真実相にせまる方法を、無（空）という象徴性の高い表現で提示しようとしたのである」と説明されています。しかし、無は空と同一なる意味であるとする解釈は誤りなのです。その理由として、空とは諸事象の存在を前提として成立する概念であり、無とは諸事象が存在しないことを意味するものですので、空と無が同じ意味であると解釈することは誤りなのです。更に、『般若心経』の文章の構成からみて、無と空を同一の概念として作成されていると考えることができないのです。僅か二六二文字と短文である経典で、「五蘊皆空と照見し」と空という事実の存在を認識し、「色不異空　空不異色　色即是空　空即是色」と空の本質を説くことにより、空を二度も説いていますので、更に「空」を「無」という表現に置き換えて三度説く必要がないのです。ここで用いられている「無」は「空」と同じ内容を意味するものでもなく、法の存在を否定する「無」でもないのです。

空と無を同一視するのは、釋智光の解説に見られるように、古来より存在していたようです。龍樹とその中観派は他派から虚無論者と攻撃されていたようで、これに対する反論の内容を中村元教授著『龍樹』233頁より引用し紹介するならば、まず『中論』第二十四章第7偈で龍樹は、「汝は空における効用（動機）・空〔そのもの〕および空の意義を知らない」と論じ、チャンドラキールティは「無という語の意味は空という語の意味ではない。しかるに汝は無という語の意味を空の意味であると妄りに実在視（増益《ぞうやく》）してわれわれを非難する。それ故に汝は空という語の意味をもまた知らないのである」と註釈しているのです。

三つ目の解釈は、「無は無執着を意味する」というものです。これは私だけの解釈かも知れません。無を無執着と解釈することの根拠は次のとおりです。ここで用いられている無は通常、形容詞として解釈されていますが、電子辞書『漢字源』等によると、漢語では無を「無視する」とか「蔑《ないがし》ろにする」という動詞として用いるそうです。そうであれば、五蘊や十二処などの教義を「無視」または「蔑ろにする」という意味で「無」を解釈することが正しいと思います。

『般若心経』で多く説かれる「無」という表現の真意は、心に纏わりつく執着心となっている教条主義の弊害を正すために度々これらの教義を無視せよという意味での「無」なのです。『般若心経』では「無」なる言葉を用いて教条主義を絶えず打破し、新たな時代に即した教義を生起させることを目的としています。つまり、ここで表現された「無」は重要なる教義ですら絶えず縁起し縁滅する対象となることを示しているものであり、これぞ、空の世界の思考なのです。なお、このような発想が求められるのは、教義といわれるものは定義づけられた概念であり、固定化し、陳腐化し、特定の集団により神聖化し守られる恐れのあるものなのです。このような教義に執着しては真に求むべき道を忘れ、やがては大衆に迎合する道へと逸《そ》れ堕落する恐れさえあるのです。教条主義が空の思想に反するので、『般若心経』は三科や十二因縁、四諦を蔑ろにするのです。蔑ろにするということは、教義や言葉及び概念を否定することを目的とするものではなく、それにとらわれないことであり、執着しないことにより絶えず時代に対応した教義に生まれ変わるべきことを示唆しているものなのです。

京都大学教授梶山雄一訳『八千頌般若経Ⅰ』48頁では「知恵の完成は、〈三〉乗〈声聞乗・独覚乗・菩薩乗〉すべてに共通するものであり、またすべてのものに執着しないという点から、すべてのものに執着しないという完全性（パーラミター）でもある」と説かれており、執着しないことが知恵の完成なのです。

第二節　部派仏教

一般の人々にとって、『倶舎論』とか「部派仏教」などの言葉に馴染みがないと思いますので、部派仏教について、簡単に説明をいたします。

釈尊（釈迦牟尼と世尊の用語を合成した表現）が入滅し、約百年後、出家者が集まり戒律の取り扱いに関しての会議（第二次結集）が行われたが決裂し上座部と大衆部に分裂しました。この分裂は「根本分裂」と呼ばれています。その後も戒律の解釈の違いや思想の違い、そして地理的な面における違いにより教団の分裂が進み、その数は二十程になりました。この分裂の中にあっても、各教団は釈尊の教えの保持、分析、体系化の努力を積み重ねました。中でも上座部で最大の勢力を有していた「説一切有部」と呼ばれる教団は多数のアビダルマと言われる教義書を作成しました。

釈尊入滅後の出家者は自らに課した目標を実現させることに専念する自利に偏った修行をしているとして、これらの出家者を小乗仏教と侮蔑《ぶべつ》したと言われていますが、現在は、彼ら出家者の仏教を小乗仏教とはいわず部派仏教といいます。その後、自利と利他の両立を理想とする仏教集団に変わり、般若経などの教義が生まれ、これら教義を仏説と信ずる仏教教団を大乗仏教と呼ぶに至っております。自利から他利に仏教の教義が変わろうとも、大乗仏教の教義は小乗仏教のアビダルマ思想の上に築かれているといえます。

アビダルマの語源について、青原令知編『倶舎』6頁によると「〈ダルマ〉という名詞語幹に〈アビ〉という接頭辞が付けられた語です。そのうち、〈ダルマ〉は〈保持する〉という意味の動詞語根の派生語で〈何かを保持するもの〉という意味です。」そして「〈アビ〉という接頭辞は〈何かについて〉〈何かに関して〉〈何かに向かって〉などの意味に用いられます。したがって、〈アビダルマ〉という語は〈ダルマに関する〉あるいは〈ダルマに対する〉という意味になります」と説明されております。

一般的にアビダルマとはダルマの研究と解釈されています。そして、ダルマとは釈尊が見極めた人生の真理であり、その教説であると理解され、漢文の経典では「法」と訳されます。アビダルマを漢文では「対法」と表現されます。

釈尊入滅後、学僧により釈尊の教えを整理・分類した初期仏教聖典が成立しました。この聖典はアーガマ（伝承の教え）と呼ばれ漢訳では『阿含（または阿含経）』と言われます。この仏典の内容を構成しているのが「アビダルマ」なのです。アビダルマの発展の最終段階に現れたのが、ヴァスバンドウで漢訳名は世親であります。彼が著したのが『アビダルマコーシャ』で音訳された漢訳名は『阿毘達磨倶舎論』と表現され、略して『倶舎論』といわれます。その意味するところは「アビダルマを収納する蔵」であります。つまり、『倶舎論』は仏教の教えが膨大に書かれた論書であり、これを学ぶには、八年を要するとも言われ、唯識三年倶舎八年の諺もあります。『阿毘達磨倶舎論』は説一切有部の論書にとどまらず、東南アジアの領域を除けば全仏教世界での基礎学の教科書として広く学習された論書であり、中国では真諦が『阿毘達磨倶舎釈論』二十二巻（旧訳）を五六三年に漢訳し、玄奘は六五一年に『阿毘達磨倶舎論』三十巻（新訳）を漢訳しております。

第三節　三　科

世親が記した『倶舎論』は、説一切有部の教えを批判しつつ体系化したもので、ダルマを五位七十五法に分類体系化しています。五位とは法を有為法と無為法の二つに分類し、有為法をさらに色法と心法と心所法及び心不相応行法の四つに分類したもので、計五つのカテゴリに法を分類したので五位と称されます。

大谷大学桜部建教授著『倶舎論』25頁を要約すると、有為と無為について、「有為法とは因果関係の上に存立するものの意である。おおよそこの世界のすべてはただ因果関係の上に生じ、また滅する、因が変ずればその果も必然に変わるので「無常」を意味します。説一切有部のアビダルマ論師たちは「諸行無常」という命題を極力理論的に説き明かそうとして、七十二種の有為法の体系を立てました。無為法とは因果の関係を離れた、あるいは超えた、ものをいう」と説明されています。下記は五位七十五法の構成です。

有為法

（ⅰ）色法（計11種）

五根……眼・耳・鼻・舌・身

五境……色・声・香・味・触

無表色

（ⅱ）心法（計1種）

（ⅲ）心所法（計46種）

①大地法　（計10種）受・想・思・触・欲など

②大善地法　（計10種）信・勤・捨・慚・愧など

③大不善地法　（計2種）無慚・無愧

④大煩悩地法　（計6種）無明・懈怠・放逸など

⑤小煩悩地法　（計10種）忿・覆・慳・嫉など

⑥不定法　（計8種）悪作・睡眠・尋・伺など

（ⅳ）心不相応行法（計14種）

得・非得・衆同文など

無為法（計3法）虚空・択滅・非択滅

『俱舎論』に三科を説明する理由が「愚根楽三故　説蘊処界三」と述べられています。桜部建著『俱舎論』69頁によるならばこの漢文を「有情の愚かさ（愚）」と「有情の資質（根）」と「有情の希求（楽）」のそれぞれに三とおりがあるから各々に対応するために、「蘊と処と界」を説明すると解釈できるようです。

『俱舎論』で法の原理として説明されている五蘊・十二処・十八界はまとめて三科といわれ、原始仏教以来の教義の骨格となっています。五蘊と十二処と十八界には次のような違いがあります。

- 五蘊とは有為法のみを対象とする分類です。十二処と十八界は有為法と無為法を含んだ法の分類です。
- 十二処と十八界の違いは、十二処の「意処」を「六識界と意界」に分類することにより十八界としていることです。

第一項　五蘊

五蘊は色蘊という物質的側面と四つの精神的側面である受蘊・想蘊・行蘊・識蘊の計五つの蘊で構成されています。ここで言う「蘊」とは同類の集まりで、積集《しゃくじゅう》つまり積み集めたものの意味で、積集されたものは動態のものといえます。

(i) 物質的要素としての五蘊

『倶舎論』によると色という言葉には広狭の二つの意味があります。広義では、五蘊の一つである「色蘊」と五位七十五法の「色法」のことで、狭義の意味では、五境の一つである「色境」、十二処の一つである「色処」、十八界の一つとしての「色界」のことです。「色蘊の色」と「色境の色」との違いを具体的に示すと、前者が物質的存在の総称であるのに対して、後者は見ることのできる色《いろ》とか形のことを意味しています。色法は五根と五境と無表色の十一種から構成されています。五根は眼根・耳根・鼻根・舌根・身根の感覚器官のことであり、五境とはこの感覚器官の認識対象である、色境・声境・香境・味境・触境のことです。

無表とは、心の中にのみ存在し、行動や言語で表現されず、空間を占有しないもののことで、『倶舎論』では色法の中に含まれています。無表は外面に表れず、眼や耳などで捉えられないので、意識の対象である法処に含まれます。

（ii）精神的要素としての五蘊

五蘊の精神的要素につきましては、第二章第三節第四項「五蘊と無我」で説明しましたので、ここでは簡単に説明いたします。色蘊が認識の客体である物質的側面であるならば、受蘊・想蘊・行蘊・識蘊は認識の主体であり「心が外界と接触する段階（受蘊）」、「接触したものを思い描く段階（想蘊）」、「自己の経験を踏まえた自己の世界観を作り出す段階（行蘊）」、「思い描いたものを識別する段階（識蘊）」という精神的側面のことであります。『般若心経』では「無色無受想行識」と五蘊に無が付されています。

第二項　十二処

心と心所は感覚器官により認識対象を捉えます。処とは、心の外に存在する事象を認識という心の作用が最初に働く処《ところ》のことです。この感覚器官（根）は五蘊の五根に意処といわれる五位七十五法の「心」を追加した眼処・耳処・鼻処・舌処・身処・意処の六の処を六内処《ろくないしょ》といいます。注意すべきことは、意処は五蘊の色蘊ではなく識蘊なのです。意処と識蘊の関係を本節第四項の（ⅰ）で説明いたします。

感覚器官の認識対象（境）も、色蘊の五境に法を加えた色処・声処・香処・味処・触処・法処の六つの処のことであり、六外処《ろくげしょ》と呼ばれます。これら六内処と六外処を合計したものが十二処です。ここでいう「法処」とは意処の認識対象で、具体的には有為法や無為法などの多くの法を認識対象とするので「法」といわれます。法処を五蘊との関係で見るならば、五蘊の中の受蘊と想蘊と行蘊の三つと無為及び色の中に含まれる無表が法処に含まれます。十二処の「法処」は十八界の「法界」に相当いたします。

このように、十二処の意処と法処には無為が含まれるので五蘊の色蘊には含まれません。意処を分析すると、六識界と意界に分類することができます。六識は現在時点の事象を認識するにとどまりますが、意界の依り処である意根は思惟器官とその能力のことです。意根の能力は過去の出来事を思い出したり、未来の出来事を推定したり、現在のことを考える能力なのです。意根の認識対象は法境と言われます。法境とは、心自体と色などの五境（色・声・香・味・触）を除外したすべての諸法を含みますので、この法境のなかには無為法も含まれます。

この結果、意処や法処は五蘊の色蘊には含まれておりません。『般若心経』ではこの六内処と六外処いずれにも無が付され「無眼耳鼻舌身意　無色声香味触法」と説かれています。

第三項　十八界

十八界の「界」とは、性質とか要素の意味で、世界や人間の身心を分析すると、十八の要素があるという意味です。

十二処と十八界の違いは、十二処の六内処の一つである意処に含まれる認識の主体である「識」が明らかにされているか否かにあります。つまり、十二処の感覚器官である意処は六識に分析できます。この六識とは眼識界、耳識界、鼻識界、舌識界、身識界、意識界です。従いまして、十八界とは十二処の六内処に相当する「眼界・耳界・鼻界・舌界・身界・意界」と六外処に相当する「色界・声界・香界・味界・触界・法界」そして意処を開いた「眼識界、耳識界、鼻識界、舌識界、身識界、意識界」の合計十八界のことです。『般若心経』では「無眼界乃至無意識界」と十八界の六識界にも「無」の文字を付しております。

『倶舎論』では上述のとおり、五蘊・十二処・十八界を説明しています。五位七十五法については、「心」と「心が所有している様々な心理的要素（心所）」は異なると考えています。「心」は認識対象の全体を把握する働きであり、「心所」は認識対象の個別的要素を具体的に把握する働と解釈しています。

第四項　五蘊と十二処及び十八界の留意すべき事項

(i)　識蘊と意処の関係

識蘊とは「有為法を対象にして、区別して知るという心の作用」ですが、十二処の意処は有為法と無為法を認識の対象とする「認識器官」のことです。『倶舎論』では、心と意と識は同義語と理解されています。これらのものはすべてを精神作用という面で括《くく》ると同じでありますが、識蘊と意処とでは、無為法の扱いが異なるので、この違いに留意しなければなりません。

五蘊は有為法を分析するものであり、十二処や十八界は有為法や無為法にとらわれず法を分析するものでありますので、意処が識蘊に含まれることに違和感を感じると思います。これを理解するのには、識の作用を細かく分析する必要があります。識の作用には三種の分別があると倶舎論は考えているのです。一つ目は「自性分別」でこれは現前する刹那の対象のみを認識する心の働きです。二つ目は「随念分別」で、過去のことを思い出す心の働きです。三つ目は「計度《けたく》分別」で、過去、現在、未来を問わず現前しない事象を憶《おも》い描く心の作用です。五蘊の識には「自性分別」が存在するが、他の二分別がありません。十二処の意処と十八界の意界には「随念分別」と「計度分別」が存在しています。このように、五蘊の識蘊と意処や意界は識を語るものですが、認識の作用に違いがあるといわれています。

(ii)　識と根の関係

眼識は眼根を依り処として色を認識し、耳識は耳根を依り処として声を認識します。このように感覚に基づく五つの認識を「前五識」といいますが、この前五識は現時点の対象のみを認識するもので過去や未来を認識するものではありません。眼識は眼根と意根を依り処とすることにより、眼で見たものが存在しているという現状を理解するのみならず、過去を思い出したり、未来を想像しながら色境を認識しているのです。このように、六番目の識である「意識」は過去の出来事を思い出したり、現在のことを考えたり、未来を推定したりするものです。ただ、注意すべきことは、意根は意識が判断するときの依り処となるものですが、眼や耳や鼻や舌や身の五根はその存在が確認できますが、意根については存在を具体的には確認しようがありません。

(iii) 意　根

意根は意識の依り処と説明されております。五蘊の色蘊に含まれる五根には意根は含まれていませんが、『倶舎論』では「二十二根」が説かれており、その中で眼・耳・鼻・舌・身・意の六内根が説かれています。六内根は有情の心の支えとなる機能を有し、眼根・耳根・鼻根・舌根・身根の五根は自境を知覚することに勝れていますが、意根は全ての境を認知するのに勝れていますので前五識が正しく作用するためには意根は重要な存在なのです。有為法と無為法も含まれる十二処や十八界では、意根と法は意処（意界）と法処（法界）と呼ばれています。

(iv) 十八界における、意処と意界の取り扱い

「心」とは五蘊でいう「識蘊」であり、「意」とは十二処でいう「意処」であり、「識」とは十八界でいう七心界（眼識界、耳識界、鼻識界、舌識界、身識界、意識界、意界）であります。意と識は同じ意味でありますので、意処を分解したものが眼識界、耳識界、鼻識界、舌識

界、身識界、意識界の六識界とそれに意界を加えて七心界とすることに矛盾を感じるでしょう。何故ならば、六識界と意界は同じではないかと思われ、十八界より意界を除いて十七界とするべきではないかという疑問が生じます。この疑問に対して、桜部教授は『倶舎論』66頁で六識界と別に意界が必要であるとされる理由があるとして「意界（意根）とは、現在にはたらいた六識が、次の刹那過去に去ったとき、それが引き続いて現在に生起してくる次の識のよりどころとなるのをさしてそう呼ぶのである」と説明されています。

第四節　十二因縁

第一項　無無明　亦無無明尽

「無無明　亦無無明尽　乃至無老死　亦無老死尽」の記述は「十二因縁（十二縁起）」を想定したものです。一般には聞きなれない仏教独特の言葉である「無明」とは、人生の真理に対して無知であることです。この無知が原因となって惑いや苦しみが生じているので、無明を煩悩であると捉えることができます。その煩悩がどこから来るのかというと『大乗起信論』によれば「所謂心性常無念故、名為不変。以不達一法界故、心不相応、忽然念起、名為無明。」（吉津宜英著『大乗起信論新釈』161頁より）と説かれています。これを意訳すれば「心の本性には妄念は存在しないが、この真理を悟った状態になっていないので、現象的な心と心の本性が和合し統一した状況とならないまま、忽然として妄念を起こしてしまう。これが、無明である」となります。

『般若心経』は、この十二因縁の「無明」に「無明尽」を並びに「老死」に「老死尽」を付け加え、更に、そこに「無」を付け加えているのです。そもそも『般若心経』は三科や十二縁起を説明することを目的としているのではありません。三科や十二縁起を十分理解している僧侶達に「空」の世界を説くことを目的としているので、不要な文章を省略したのでしょう。なお、『般若心経』では省略して書かれているように思われる、「無無明　亦無無明尽」以下の文章を推測して書いてみますと、下記の如くになるでしょう。

無明も無く、亦無明の尽きることも無く。
行も無く、亦行の尽きることも無く。

識も無く、亦識の尽きることも無く。
名色も無く、亦名色の尽きることも無く。
六処も無く、亦六処の尽きることも無く。
触も無く、亦触の尽きることも無く。
受も無く、亦受の尽きることも無く。
愛も無く、亦愛の尽きることも無く。
取も無く、亦取の尽きることも無く。
有も無く、亦有の尽きることも無く。
生も無く、亦生の尽きることも無く。
老死も無く、亦老死の尽きることも無く。

「行も無く」から「生の尽きることも無く」までが省略されていると推測できます。これは十二因縁に執着してはならないことを知らしめることだけが目的なので省略したのです。「無無明　亦無無明尽　乃至無老死　亦無老死尽」について高神教授と橋本老師の解説を読んだ後に、無無明尽や無老死尽を説く、もう一つの理由を考えてみます。

高神教授著『般若心経講義』170頁では「般若の真空《しんくう》のうえよりいえば、客観的に宇宙の森羅万象《すべてのもの》が空であったがごとく、主観的にも、宇宙の真理を語るところの、智慧そのものもまた空だ、というのが、「無明もない」、「老死もない」ということ、すなわち十二因縁もまた空だというのがそれです」と解説されていますが、「無明」と「老死」についての個別的解説は省略されております。

元薬師寺管長橋本凝胤老師の著書『般若心経講話』175頁によると「無明」について、「つまりわれわれが無明と考えるものも、実際にあるものでもないし、無明が無くなるのかというと、無くなるものでもない。別にわれわれが、無明を無くさねばならぬと考えたところに、大きな誤まりがあり、無明を自覚するということは、無明が無くなり、無明を無くさなければならぬということでもなければ、また無明が尽きなければならぬというわけでもなくて、無明があっても差支えないが、その無明をお互いに自覚することが必要なことである」と解説されている。さらに、『般若心経講話』182頁では「……生死というものをわれわれは考えるけれども、この生死というものは、結局、われわれの自我から起ってきていることであるから、真実の世界としてはないものである。「無い」からといって、生死が「尽きてしまう」ということもないのである」と解説し、さらに「生死もないが、生死が無くなるということもない、というように、われわれの智慧の判断から行くと、生死という問題も、固苦しく論ずる問題でもなく、また主体となる自我というものも無くなってしまうものでもない」と解説されたのちに、「お互いに十二因縁を考え直していかなければならぬ世界であることを説こうとしているのである」と解説されています。

『般若心経』では、この十二因縁の最初の句である「無明」と最後の句である「老死」を選び、「無無明尽」と「無老死尽」を説いているのには、教義にとらわれないことを説くのみならず、それなりの理由が存在しているのです。「無明」とは仏教上の重要なる教義でありますが概念にすぎないのです。「老死」は我々生物が避けられない現実の問題なのです。このように、無明と老死とは異なる本質を含む言葉であるということができます。

真理に疎いことを無明といいますが、真理を探究しても、真理を解明することはできないでしょう。何故ならば、真理は存在するものでなく、概念であるが故に時代や地勢などの諸条件により変化するからです。既成概念にとらわれず、絶えず弾力的な発想に基づいて思考しなくてはならないことを「無無明　亦無無明尽」なる言葉が暗示しているように思われます。

他方、「老死尽」については、生に執着し、老死を恐れるのはやむを得ないのです。ただ、死という恐怖に執着しすぎると、多種の迷いが生じます。死後のことは、死んだら両親に会えるとか、可愛いがっていた犬や猫とまた会える程度の思いに留め、自己を永遠なる存在と思い込まず、生きることに執着することもなく、死を迎えた猫のように、老いることや死することをありのままに素直に受け入れるならば、何事にも執着せず、心に迷いを生ずること無く、静かな人生を送ることができることを「老死も無い、老死が尽きることも無い」という言葉が教示しているのです。

第二項　釈尊と縁起

釈尊の縁起思想は中村元教授著『ブッダのことば（スッタニパータ）』「第三　大いなる章十二、二種の観察」156頁の中にも見出されますので訳を引用させていただきますと「修行僧たちよ。（中略）『善にして、尊く、出離を得させ、さとりにみちびく諸々の真理を聞くのは、何故であるか』と、もしもだれかに問われたならば、かれらに対しては次のように答えねばならぬ。――『二種ずつの真理を如実に知るためである』と。しからば、そなたたちのいう二種とは何であるか、というならば、『これは苦しみである。これは苦しみの原因である』というのが、一つの観察〔法〕である。『これは苦しみの消滅である。これは苦しみの消滅に至る道である』というのが、第二の観察〔法〕である。修行僧たちよ。このように二種〔の観察法〕を正しく観察して、怠らず、つとめ励んで、専心している修行僧にとっては、二つの果報のうちのいずれか一つの果報が期待され得る。／——すなわち現世における〈さとり〉か、あるいは煩悩の残りがあるならば、この迷いの生存に戻らないこと（不還）である。——」。

尊師は上記以外の他の事項についても説かれている。例えば、「無明」について「修行僧たちよ。『また他の方法によっても二種のことがらを正しく観察することができるのか?』と、もしもだれかに問われたならば、『できる』と答えなければならない。どうしてであるか?『どんな苦しみが生ずるのでも、すべて無明に縁って起るのである』というのが、一つの観察〔法〕である。『しかしながら無明が残りなく離れ消滅するならば、苦しみの生ずることがない』というのが第二の観察〔法〕である。このように二種〔の観察法〕を正しく観察して、怠らず、つとめ励んで、専心している修行僧にとっては、二つの果報のうちいずれか一つの果報が期待され得る。——すなわち現世における〈さとり〉か、あるいは煩悩の残りがあるならば、この迷いの生存に戻らないことである」。

上記の内容は第一の観察法は「苦しみ」と「その原因」を第二の観察法は「苦しみの消滅」と「消滅の方法」が説かれており四聖諦を思わせるものであり、さらに尊師の言葉は「無明」、「潜在的形成力」、「識」、「触」、「受」、「愛」などの項目と続きますので十二因縁が連想されます。さらに、二種の観察法を実行するならば二つの果報が達成できると説かれているので因と果が説かれているように思われます。

第三項　十二因縁

(i)　十二因縁の内容

十二因縁は縁起を語るもので、縁起そのものは原始仏教以来の仏教の基本的思想なのです。この十二因縁は当初より十二の項目（支）があったのではなく、数項目から十項目などへと次第に増加したものといわれています。

十二の項目（支）とは、無明・行・識・名色・六処・触・受・愛・取・有・生・老死のことです。これを連鎖的因果関係（時間的生起関係）として読むならば次のようになります。

無明を縁として行が生じ、
行を縁として識が生じ、
識を縁として名色が生じ、
名色を縁として六処が生じ、

六処を縁として触が生じ、
触を縁として受が生じ、
受を縁として愛が生じ、
愛を縁として取が生じ、
取を縁として有が生じ、
有を縁として生が生じ、
生を縁として老死が生じる。

この十二項目の中には聞きなれない用語が多数含まれています。この項目について一般に認められた定義はないと言われていますので、少々文章が長くなりますが、岩波仏教辞典の一部を省略していますが引用することにより用語の説明をいたします。

無明《むみょう》とは、人生や事物の真相に明らかでないこと、すなわち、すべては無常であり固定的なものはなにもない（無我）という事実に無知なこと、この無明がもとで固執の念（我見）を起こし、さらに種々の煩悩の発生となる。

行《ぎょう》とは、原語では「サンスカーラ」で形成力、形成されていることを意味し、五蘊の行識（行）と十二因縁の第二支の「行」は、いずれも意識を生ずる意志作用のこと。

識《しき》とは、区別して知ることを識という。この知るということとは（認識の）対象を得ることでもあり、その作用を伝統的には了別《りょうべつ》という。

名色《みょうしき》とは、概していえば、名は心的・精神的なもの、色は物質的なもので、名色はそれらの集まり、あるいは複合体のこと。名色はほぼ五蘊に等しいものと考えられている。古い縁起説のなかでは、識（認識）と相互依存的な関係にあるものとして名色は対象世界を表している。

六処《ろくしょ》とは、新訳であり、六入《ろくにゅう》とも訳される。入とは「入って来るところ」であり、かつ「入って来るもの」の意味で、前者は外界の認識の対象がそこから入って来るという意味であり六根を指し、後者は外界の認識の対象として入って来るものである六境を意味する。

触《そく》とは、六つの感官の対象の一つで触覚器官（身根）の対象をいう。具体的には、滑らかさ、粗さ、重さ、軽さ、冷たさ、などのこと。根と境と識があい合することによる接触を意味する。

受《じゅ》とは、六根と六境と六識との接触和同から生じる苦・楽・不苦不楽などの印象・感覚を意味する。

愛《あい》とは、仏典において愛は否定と肯定両方のニュアンスで扱われる。否定的に用いられる場合とは、喉の渇きを意味するであろう渇愛などと訳され、好ましい対象に対する飽くなき渇望や欲望を意味する。他方肯定される愛には仏法僧や涅槃や善知識などの宗教的対象に対する愛などが挙げられる。

取《しゅ》とは、さまざまな対象を求めて止まず、取って放さないこと、煩悩の異名として用いられる。十二因縁の第九支として用いられるときは、欲望（渇愛）を取って放さないという意味で用いられている。またときに、取られ執着される対象をさす。五取蘊という語の中の「取」がこの例で、肉体的・精神的要素としての五蘊が執着の対象となるため五取蘊と呼ばれる。

有《う》とは、存在するもの、ものが存在する状態、存在すること、存在等に相当する訳語として用いられ、無の反対概念。有について仏教の考えは多様である。十二因縁では第十番目に位置し、欲界・色界・無色界の三界を有情（衆生）が輪廻していく状態を指す。その有情が輪廻再生する過程を四種に分けて、生有・本有・死有・中有の四有をいう。

生《しょう》とは、生まれること、転じて、生存することをもいう。十二因縁の中で第十一支として、老死を導くとされるように、仏教においては基本的に苦と捉えられる。生じたものは、無常の原理に従って、必ず滅し、永遠に生滅を繰り返すことになるからである。三世両重の十二因縁解釈に代表されるように、現世の生存があるのは過去世の「惑」に基づくもので、こうして生まれた現世において、再び煩悩を重ね、また来世の生存を呼び起こすことになる。生死はそのまま輪廻に他ならず、その原因を断ち生死の苦の世界を超えるところに解脱、涅槃が求められた。
老死《ろうし》について辞書には説明がありませんでしたので、池田教授の著書『般若心経』を参考にしますと、「生の後にさまざまな苦が生じることを示し、一切の苦悩を老・死の二事で代表させている」と記述があります。
上記は十二の項目の説明ですが、十二因縁の連鎖的因果を理解することが難しいと思われます。『中論』第二十六章〈縁起の十二支の考察〉の説明は、十二の項目を時間的生起関係すなわち連鎖的因果として理解しやすいので、まずは、中村元教授著『龍樹』388頁より引用し、補足はその後にいたします。
第一偈：無知（無明）に覆われたものは再生に導く三種の行為（業）をみずから為し、その業によって迷いの領域（趣）に行く。
第二偈：潜在的形成力（行）を縁とする識別作用（識）は趣に入る、そうして識が趣に入ったとき、心身（名色《みょうしき》）が発生する。
第三偈：名色《みょうしき》が発生したとき、心作用の成立する六つの場（六入）が生ずる。六入が生じてのち感官と対象への接触（触《そく》）が生ずる。

第四偈：眼といろ・かたちあるもの（色《しき》）と対象への注意（作意《さい》）とに縁って、すなわち名色を縁としてこのような識が生ずる。

第五偈：色と識と眼《げん》との三者の和合なるものが、すなわち触《そく》である。またその触から感受作用（受）が生ずる。

第六偈：受に縁って盲目的衝動（愛）がある。何となれば受の対象を愛欲するが故に。愛欲するときに四種の執著（取《しゅ》）を取る。

第七偈：取があるとき取の主体に対して生存が生ずる。何となれば、もしも無取であるならば、ひとは解脱し、生存は存在しないからである。

第八・九偈：その生存はすなわち五つの構成要素（五陰《ごおん》）である。生存から〈生〉が生ずる。老死、苦等、憂、悲、悩、失望――これらは〈生〉から生ずる。このようにして、このたん〔に妄想のみ〕なる苦しみのあつまり（苦陰《くおん》）が生ずるのである。

中村元教授の『中論』和訳をもう少しわかりやすくするため補足をしますと次のようになります。

※第一偈の補足：三種の業とは、身業・口業・意業のことで、他人に暴力をふるうなどの身体の行いである身業。言葉で相手を罵ったりする口業、行動を起こそうとする意志の働きであ

る意業の三つの業のことです。

無明に覆われた有情の行いは業となり、次の世に引き継がれるので、迷いの領域である次なる生存の世界において業は再生されることになります。説一切有部の十二因縁では、業の循環を次のように考えています。無明と行は前際（過去世）の出来事で、識から以降の八支が中際（現在世）の出来事であり、生と老死は後際（未来世）とする三世両重の思想により構成されているもので、業の影響が次世代まで続くとする考えです。

※第二偈の補足：潜在的形成力とは、サンスクリット語ではサンスカーラのことで、「心によって実在するとみなされる心の創造」を意味し「行」と解釈されるのです。この潜在的形成力は意志ともいわれますが、同一環境にあっても全ての人間の心の働きが同一になるものではないのです。つまり、人は成長過程での経験の違い、異なる欲望、異なる感情等が意志を形成して、識別作用を作り出すのです。これを「行を縁とする識別作用」と表現しているのです。我々の生存は身体（肉体）と心の調和のもとに保持・成長しているので、識別作用が発生するということは身体もそれなりの成長をなし、名色が発生することを意味しているのです。

※第三偈の補足：名色が発生したときとは、受・想・行・識の精神的側面と身体である物的側

面の調和が整った時のことです。この調和が整った時に、眼・耳・鼻・舌・身・意の六つの感覚器官（六入）が備わり、認識の対象である色・声・香・味・触・法の六境との接触が行われるが、この接触を触といいます。

※第四偈の補足：眼根が色や形のある物質的現象である色に注目するならば、外部の存在を心と身体をとおして「これは机である」とか「星である」とかの認識ができるのです。

※第五偈の補足：いろ・かたちを意味する色などの認識の対象（境）と、識別作用（識）と、眼を代表とする六根（根）が和合することを触と表現されるが、触により心が外界と接触することにより、苦を感じたり、楽を感じる受が生じるのです。

※第六偈の補足：受が生ずることにより、好みの対象などに強く執着すると愛欲が生じる。この愛欲は四つの誤った執着（取）を生み出します。取とは、煩悩のことで、あらゆる対象を我が物にしたいとする気持ちを抑えることができない執着心を意味します。『中論』では「四種の取に執着する」と説かれていますが、この取とは、欲取・戒禁取《かいごんしゅ》・我語取・見取の四取です。欲取はあらゆる欲に執着することで、戒禁取とは、外道の教えを信じたり、誤った修行に執着すること、我語取とは、会話の中に意識や行為を司る主体が存在すると思い込み自我が存在すると執着すること、見取とは信念や見解に執着することです。

※第七偈の補足：取（執着）があるとき、執着心や煩悩である業によって輪廻転生が起こされるので解脱ができない。この結果、取の主体に対して生存があることになる。「生存が生ずる」というのは「生有」が生ずることで、十二因縁では有は三界を「生有」、「本有」、「死有」そして「中有」の四つの過程で輪廻転生が行われると考えられています。なお、取（執着）が無いときは、解脱ができるので有が生ずることがないのです。

※第八・九偈の補足：「その存在は五つの構成要素である」という記述は「生有」から「本有」が生ずることにより五つの構成要素、すなわち五蘊を有することを意味します。このように生を与えられたものには必然的に老死の苦が付きまとう。さらにあらゆる苦悩である憂い、悲しみ、悩み、失望が生ずることになるのです。

（ii）三世両重の因果

『倶舎論』の世間品で説かれている十二因縁は「三世両重の因果」と呼ばれています。これは、有情が過去世と現在世及び未来世の三世を二つの因果で巡る輪廻が説かれています。まず、過去世を前際《ぜんさい》と表現し〈無明〉と〈行〉が含まれます。現在世を中際《ちゅうさい》と表現し、〈識〉〈名色〉〈六処〉〈触〉〈受〉〈愛〉〈取〉〈有〉の八支が含まれます。未来世を後際《ごさい》と表現して〈生〉

〈老死〉が含まれます。これらの十二支の因果関係は、前際に帰属する過去世の迷いである無明が惑となり諸業である行が生じ因となり、現在世の識・名色・六処・触・受の五支が苦の果を生じさせるのです。中際から後際に繋がる二つ目の因果は、現在世の愛と取が惑となり、有という業を生じさせ、この三支が因となり縁となり、その果として未来世の生・老死という苦を生じさせるのです。この二つの連鎖的因果により三世を説いているので三世両重の因果というのです。

三世両重でとりあげている十二支の内容を説明すると次のようになります。初世において、無明すなわち、前生の惑い（煩悩）が生じ、前生の諸業が行となります。第二世では、過去世の業が現在世で、母胎内に正しく生が授かり五蘊となる時までを「識」といいます。「名色」とは胎内で六根を具備する直前までのことです。「六処」とは、眼等の六根が具わるが、根と境と識の三つが和合する前までの時期のことです。「触」とは出生して眼や耳等の六根が具わるが、苦、楽、不苦楽の違いを判別できない時期までのことです。「受」とは性欲の起こる前までの期間です。「愛」とは、性欲や財欲が起こる時期のことです。「取」とは、諸々の欲望を満たすがために広くどこまでも貪欲に振舞い、欲望を取って放さないことから名付けられています。「有」とは、未来世の果（生）を生み出す業を作り出すことです。十二因縁が輪廻の過程と解釈されるようになり、輪廻再生の過程を四つに分類し、生有・本有・死有・中有が説かれます。第三世においては、後際の二支とは、「生」は未来世に生を引き継ぐのを名付けたものです。「老死」は未来世の名色から受に至るまでのことと言われています。

第四項『般若心経』における十二因縁

無明を縁起に結び付けたのが十二因縁にすぎません。『般若心経』の思想を踏まえて考えるならば、概念は作られたものであり、実体が有りません。そのため時間の経過とともに概念の解釈は変わるのです。『中論』で説く十二因縁と『倶舎論』で説く三世両重の解説をしたのは、概念は、作成された時の本来の意味から徐々に変化して使用されるということの一例を示すためです。概念にとらわれた日常生活は、その執着心が多くの苦を生み出すのです。先人達が経験し熟慮した結果、作り上げた概念は絶対的不変なる真理ではないとしても、一理あり、教えられることが多々あることも確かです。しかし、古い教訓にとらわれてはならないのです。無明という概念にとらわれたり、無明を心の外に消し去ろうと努力することも、これすなわち概念に対する執着心なのです。空の世界においては十二因縁についての概念に執着することの誤りを正すのが『般若心経』の目的であると考えられます。

第五節　四聖諦

『般若心経』では苦集滅道に「無」を付して無苦集滅道を説いていますがこれは苦集滅道という教義が無いということでもなく、否定するものでもありません。この教義に執着しないようにすることを説いているのです。苦集滅道を解説するならば、四諦又は四聖諦と言われるもので、原始仏教より重要な教義として取り扱われているものです。釈尊が苦行仲間より離れ一人で修行することにより体得した真理をサールナートに居る元の仲間に伝えたのが、初転法輪と言われるもので、その内容は「中道（両極端を離れた中間の道）」、「四諦（四つの真理）」及び「八正道（八つの正しい行い）」であると言われています。しかし、現在に伝えられている四諦は釈尊入滅後百年ほどの期間に徐々に整備されたものと言われています。

四聖諦は仏教の重要教義であると言われても、現代感覚では理解しがたい教義であります。

四聖諦の「四」とは「苦・集・滅・道」のことで、「聖」とは「勝れた」ということです。電子辞書『漢字源』によると「諦」とは「いろいろと観察をまとめて真相をはっきりさせること」と説明されています。

第一番目の「苦諦」とは、生存は苦であるという真理であり、原始仏教的観点より苦の真相を明らかにしてみると、生・病・老・死の四つの苦の他に生存中に体験するであろう愛別離苦（愛する人と別れなければならないことの苦痛）・怨憎会苦（むかつく人間と接しなければならない苦痛）・求不得苦（欲するものを入手できないという苦しみ）・五陰盛苦（五蘊そのものが煩悩生起の根源であるとする苦）を加えた八つの苦すなわち四苦八苦が苦であるということになります。

「生」を「生きていること」の意味であると理解するならば、心の迷いから生ずる苦痛のみならず、肉体的な苦痛、環境の変化により生ずる苦痛など逃れられない苦痛が多数存在していますので人生は苦であると言えます。

「病」は、肉体に痛みを与えるのみならず、心に相当の深い傷を与えるものであり、生と死の間にいる人間のみが感じる苦痛は想像以上のものでしょう。このように「病」はまさに苦の原因であると言えます。

「老」は肉体的のここかしこに痛みが生じたり、今までできたことができなくなったりするので、「老」は苦痛の原因であることに間違いがありませんが、長寿の時代になった現代社会で、欲望が減少し、少々の年金と蓄えで生活できるこの世の中にさほどの苦痛を感じていない老人も多いのではないでしょうか。

「死」というより、死ぬことを意識している時が苦痛なのでしょう。誰もが死から逃れることができないので、死ぬことは終極の苦痛なのです。禅画で著名であり高僧であった博多聖福寺の住持仙厓禅師が、死に際して弟子に言い残した言葉は「死にとうない」であったと記述している書物を読んだことがあります。仙厓禅師の思いは人間の本心なのです。

第二番目の「集諦《じったい》」とは、苦が生起する原因についての真理と言われるものです。苦痛が生じる原因を四聖諦では「渇愛」であるとしています。確かに欲望が満たされないことが苦痛の重要な原因となるでしょう。しかし、現代社会においては恋愛問題、職場の問題等で人間関係が複雑となったうえに、老々介護や両親の肉体的障害や痴呆症の看病などから生じる苦痛は欲望とは無関係な苦痛といえます。現代社会の環境は部派仏教時代の環境とは変わっています。文化が発展し、個人の権利が強くなり、人間関係がより複雑なものとなり、そのうえ長寿社会となった結果、苦の発生原因が複雑にして多種なものとなっています。

元薬師寺管長であった橋本老師は苦痛の生起原因につて「主体と環境の調和が現代社会では非常に重要になりました。誰でも権利を主張し、差別は罪悪であるとして過去の慣習が否定される時代なのです。主体と環境のバランスが崩れていると感じる時に人は苦痛を感じるのです」と語っておられます。

次に「集」という言葉が何故「苦の原因」を意味するのかという疑問が残るでしょう。電子辞書『漢字源』によると「集」の意味に「あつまる・あつめる」とか「ひと所にとまる」または動詞として「ある状態に達する・物事を成しとげる」と書かれていますが、何故に「原因」を意味するのか釈然としませんでした。しかし、この疑問について、平川教授の『スタディーズ仏教』196頁で次のように明快な回答を示してくれました。「集とは、あつまるという意味であり、二つ以上のものが、集まるとそこに新しい力が生ずる、一方だけでは力が発揮できないが、二つの要素が結びつくことにより新しい力となるのは、酸素と水素が化合すると水になるが如きで、集まることが新たな力となるので、集が因の意味をもつことになる」という解説をなされております。

第三番目の「滅諦」とは、苦を滅した状態が存在するという真理のことです。池田教授は「苦の原因が取り除かれて実現したさとりの世界」と表現し、岩波仏教辞典では「修行者の理想のあり方」と表現しております。苦を滅した状態を経験した人間はいませんので、苦を滅した状態を想像する以外ないのです。中国禅第三祖とされる僧燦《さん》の著作といわれる『信心銘』によると「至道無難、唯嫌揀択……狐疑浄尽、正信調直、一切不留、無可記憶」。つまり、「最高の真理に至るのは難しいことではない、ただ、取捨、憎愛の念を起こして、選り好みすることが障礙なのだ……迷いは澄み切り、清浄になった自己の心を信じ切れば、すべては心にとどまらず、記憶するべきこともない」と説かれています。この『信心銘』の言葉を手掛かりとして解釈するならば、生存している限り多くの情報が打ち寄せ、心が動揺する「動」の世界に住するとしても、選り好みが無く、懐疑的な心も無くなる程に清められている、己の心を信じ切れるならば、ものごとに固執することが無く、悩み苦しむ情報に心が惑わされることもなく、水面が鏡のごとき静かなる心を「苦を消滅した状態」というのではなかろうか。

第四番目の「道諦」とは、苦の滅に導くという「道」という真理のことです。苦が滅された状態の存在を説くためには、苦を滅する方法を説く必要があり、その具体的な内容として、八正道が説かれました。八正道とは次の教えをいいます（『岩波仏教辞典』より）。

イ．正見（正しい見解）

ロ．正思（正しい思惟）

ハ．正語（正しい言葉）
ニ．正業（正しい行い）
ホ．正命（正しい生活）
ヘ．正精進（正しい努力）
ト．正念（正しい思念）
チ．正定（正しい精神統一）

釈尊が生存していた時代と現代には約二千五百年の隔たりがありますので、この時間経過により人々の生活環境や思考内容が変化しています。苦を滅するためには八正道を守るべしと釈尊が説かれましても、釈尊の教義を否定するものではないが、守ることが難しいのです。何故ならば、長寿化社会では八正道を遵守しても病気や老化を避けることができず、さらに、「正しい」と判断する価値基準が大きく変わってしまったからです。しかし、いつの世でも「思い通りにならない」ことを原因として苦痛が生起するという真理については変わっていません。「苦集滅道」を理解することが困難な時代になったといえども、「八正道」は我々の生活の中で守らなければならない重要な心構えであることには変わらないのです。神や仏に頼らずとも、好き嫌いの無い、平等で差別の無い広い世界観から事象を見つめ、憎まず、恨まず、怒らない日常生活を実践できる智慧を完成させるならば、意外と精神的苦痛を避けることができるのです。この智慧の完成により苦厄を滅する道を『般若心経』は説いているのです。

第六節　無智亦無得

無智の「智」とは物事の道理を知り、判断する力であるが、仏教では具体的に何を意味するのであろうか。仏教は思想でもなければ哲学でもない、修行という実践により真理を会得することを目的とするものです。このため、個々人が修行の中で習得した真理とでもいうべき智慧は多種多様な解釈となります。智慧についての解釈例を示すならば、『岩波仏教辞典』では「智慧とは、一切の現象や現象の背後にある道理を見極める心の作用である」と説明しております。道元禅師は「聞思修証を起こすを智慧と為す」と『正法眼蔵』の中で説いていますが、聞慧は先人の見識より教えを学びとり、思慧は先人の見識を信じながらも疑い、より深い見識を求めるために熟慮することであり、修慧はこれまでに了解した見識を実践により更に会得することであり、これらが合一してこそ智慧になるというのが道元禅師の考える智慧と理解することができます。『般若心経』は智慧の解釈をいかなるものであるかを示さず、無智を説く理由は、般若波羅蜜多は不変なるものではなく、完成することもなく、智慧の習得に絶えず励み続けなければならないのが智慧であり、己が習得した智慧に執着するようでは、般若波羅蜜多には至らないことを明らかにするためです。

無得とは、次に続く文章に「以無所得故」とありますので、「無得」は「無所得」を意味していると判断することができます。無所得の反対の概念は有所得であります。これは見返りを期待して何かを行うことで、仏に対する信仰を篤くすれば、極楽浄土に行けると期待するのが見返りを期待することなのです。空の世界にあって般若波羅蜜多を目指して修行をしても苦を滅することができるという保証はありません。苦を滅することに執着したり、智慧の完成にとらわれるべきではないのです。心が全ての執着心より離れることが空の実践なのです。智慧の完成に執着せず、智慧の完成により何ものかを習得できると期待することもあってはならないということを「無得」で示しているのです。

第五章

空の用《ゆう》

以無所得故。菩提薩埵。依般若波羅蜜多故。
心無罣礙。無罣礙故。無有恐怖。
遠離一切顛倒夢想。究竟涅槃。三世諸仏。
依般若波羅蜜多故。得阿耨多羅三藐三菩提。

【意訳】

努力しても見返りを求めない心の世界に住する、菩提薩埵は般若の智慧の習得により、心を迷わせる煩悩も無く、煩悩が無いので、ものに怯える恐れも無いのです。この結果、一切の錯誤や幻想が消え去り、悟りの世界に達し得るのです。

他方、過去・現在・未来の仏達も、般若の智慧の完成の功徳として無上の正しい悟りの世界を得たのです。

【解釈】

この章の作成意図は三つです。一つ目の目的は、般若波羅蜜多の修行者が享受できる功徳を説くことであり、二つ目の目的は、菩提薩埵と諸仏の違いを示し、三つ目の目的は、この短い文章の中に二回も「依般若波羅蜜多故」を説くことにより、智慧の完成がいかに重要であるかを知らしめ、菩提薩埵や諸仏が悟りを開くための必須条件であることを教示しています。

第一節　空と無執着

第一項　観察主体と観察客体の観点で空の思想を振り返る

心に生起する苦痛から人々をいかにして解放させるかについて思いをめぐらし、苦痛より解放するためには、心に一切の蟠《わだかま》りを残さないことだと気づき、梵語で「中が虚《うつ》ろであること」とか「中身がないこと」を意味する「空」という概念が導きだされたのであろう。『般若心経』は「空」の概念が日常生活の中で活用されるためには、「空」が実践されなければならない。「空」が実践されるためには、「空」を知る智慧の完成が必要であると考えたものと推定される。その手順として「空」という概念を知らしめるために、まず「空」の本質を「色不異空空不異色」と抽象的でインパクトある表現で説いてみた。しかし、この表現は空の本質をかえって理解しづらいものにさせてしまった。この理解しづらさを解消するために「空」を学ぶ人々の能力に応じた説明をすることを目指し、「空」という概念をより具体的に表現しようとしたのが「空」の相（姿）を示すことであった。「空の相」として「空」とは縁起であるとか、相互依存関係であるとか、中道であることを説くために「不生不滅」、「不垢不浄」、「不増不減」という表現を用いた。しかし、その説明も概念であり、空の概念をいくら説いても、それは知識を言葉により示すものにしかすぎない。「空」の概念を実践としての「空」とするためには、心の中に存在する蟠《わだかま》りを取り除き、心を空虚なるものにしなければならない。それは心の中に潜んでいる「正しい」とか「愛している」とかの思いに対する執着心を取り除くことである。この新しい思想である「空の思想」を学ぶのは学僧達であった。学僧達が学び、尊んでいる仏法の重要な教義である「三科」、「十二因縁」、「四聖諦」は彼らがとらわれている最たるものであるので、この教義について執着心を起こさせないため、これらの教義の文言に「無」を付した。しかし、この「無」という言葉が混乱を招いてしまっている。学僧達は、「無」の意味するところは「三科」等の否定であるとか、アビダルマ仏法の否定であるとか、時には、釈尊の教義の否定であると解釈する人も存在することになったのです。しかし、このように解釈しながらも、『般若心経』の解説書には、「三科」、「十二因縁」、「四聖諦」などが丁寧に説明されています。その理由として考えられるのは、アビダルマ仏法は仏教の重要な教義であり、仏法の基礎概念であり、仏法を学ぶ人間の血となり肉となっているものなので、このような、ゆるぎない共通概念を基盤としてこそ新たな仏教の解釈が生まれるのだと考えているからではなかろうか。

　これまで『般若心経』の説明の流れを振り返りました。有名ではあるが、難解な文章であるといわれる「色即是空　空即是色」の解釈もすでに第二章第二節で行いました。そこでは、解釈の方法を一歩踏み込んでみました。心の働きは「観察の主体」と「観察の客体（対象）」の二面性をとおして認識が行われているとする考えに基づくものでした。この解釈方法による理解を深めるために、表現を変えて繰り返して説明をいたします。中村元・紀野一義訳註『般若心経・金剛般若経』11頁では色即是空などについて「物質的現象には実体がないのであり、実体がないからこそ、物質的現象で（あり得るので）ある。実体がないといっても、それは物質的現象を離れてはいない。また、物質的現象は、実体がないことを離れて物質的現象であるのではない。（このようにして）およそ物質的現象というものは、すべて、実体がないことである。およそ実体がないということは、物質的現象なのである」と解説されております。この文章は他の解説本にも引用されるほど有名であります。しかし、「実体がないことは、物質的現象なのである」とする解説には釈然としないのです。何故ならば、『般若心経』では「受想行識亦復如是」と説かれているとおり精神的現象もまた実体がないのです。実体がないことは、物質的現象にのみ該当するものではなく、精神的現象などほとんどの法にあてはまるのです。

中村元教授の文章では「空即是色」を理解するのが困難であると考えます。この文章を解釈するためには、観察主体と観察客体に分けて説明しなければ理解できないのです。「色即是空」の意味するところは、色（物質的現象）とは主体が観察している客体のことであり、その客体の本質には実体がない、すなわち「空」ということです。他方、「空即是色」の空とは物質的現象を観察している主体の本質のありようを表現しているのです。観察主体の本質が「空」であり、観察される客体の本質も空であるので、主体の本質と客体の本質は異なるものではないことを「空即是色」と説いているのです。

第二項　心について

第一項では心の働きを主体と客体とに分けることにより「色不異空　空不異色　色即是空　空即是色」を解釈しました。唯識論の用語でこれを表現するならば、相分とは「脳が作り出す映像」であり客体ということができます。見分とは「この映像を見ているもの」のことで主体ということができます。つまり心の働きを二分化し、心の二面性を見出すことにより「色不異空　空不異色」を解釈したのです。

それでは、心とは何であろうか、仏法は「心の学問」であるということもできます。そのため、心について多くの分析が行われ、多種多様な解釈がなされております。竹村牧男教授は著書『成唯識論を読む』12頁で「心は一つではなく多くの別々の心が仮に和合して心理現象を構成している」と説明されています。

認識という観点から心を分析しているのが唯識思想です。唯識思想で有名なのが、心は八つの認識能力を有し、この認識を三層構造で理解していることです。第一構造は、最も有名な認識作用であるアーラヤ識であります。これは過去の経験により根付いた印象が未来の経験を生み出す原因となる識であります。第二構造の識とは「自我意識」と呼ばれるもので自我に執着し続ける心の作用です。第三構造の識とは六境を対象とする眼識・耳識・鼻識・舌識・身識及び意識の六識のことです。このように、唯識は認識するという心の働きを分析したものと言えるでしょう。

華厳経の唯心偈に「心如工画師　画種種五陰　一切世界中　無法而不造（心は巧みなる画師の如くであり、種々の五蘊を描き、一切世界の中に法として造らざるものはなし）」と心のありようを説いています。このように心というものを語りつくすことはできるものではありません。多くの心が存在しているのか、それとも一つの心のみが存在しているのだろうかと判断することができませんが、心の本質は可変なるもの、不定住なるもの、つまり、絶えず変化するのが心というものであることを経験上断言することができるのです。心は恒久的自己同一性（実体）がないことの最たるものなので「心は複雑な働きをするもの」ということになります。『般若心経』は空なる心を説く経典でありますが、これは心のあるべき姿を説いたものであるがゆえにその目標を実現するのが困難なのです。

第三項　無執着

「照見五蘊皆空　度一切苦厄」とは、「五蘊には変化する性質がある。有情の苦痛や禍の原因はこの変化が生起させていることに気付き、この変化に対応できる知恵を身に付けさせることにより、有情を苦痛や禍より救済することができると観自在菩薩は確信した」ということです。表現を変えますと、観察の対象である五蘊すなわち色・受・想・行・識は変化するものであり、この変化が観察主体に迷いや妄想を生起させ、苦や禍の根源となっていることに気が付いたということなのです。例えば、物質的存在である家財は時間の経過とともに劣化したり、災害により破壊されたりして元の姿をとどめることができず、まして、生物には死により消滅しなければなりません。精神的現象の変化は、他人を信じられず、疑心暗鬼を生ずることになります。このように五蘊が変化するという性質は迷いや妄想を生起させ、それが連鎖することで衆生に大きな苦痛や禍をもたらすのです。

妄想や迷いから生ずる苦痛を心から解放するために、心の中は何物にもとらわれない無執着なる心の状態、すなわち心が虚《うつ》ろであることが理想的な状態なのです。例えば、道端の花が人に踏みつけられ曲がって成長しようが、蟠《わだかま》りがなく精一杯に生きているように、無心であることが望ましいのです。

心の中が何物にもとらわれない無執着なる心の状態は理想なのです。煩悩という欲望は無制限に働き、執着心はどこまでも深く心の隅に残るのです。さらに、煩悩とか執着心は、生存するために必要な心の働きでもあるのです。煩悩は吹き消されるべきであると言われるが、食欲なくして生命は維持できず、性欲なくして、人類は滅亡してしまうのです。他方、執着心については、人間は生きることに執着し、憎愛に対して執着し、進歩発展するための努力にも執着しているので、執着心も完全に排除することができないのです。「心から切り離されるべき執着心等」と、「心に深く引き留めておくべき執着心等」が存在しているのです。前者の執着心等は苦痛を生み出す根源であり、後者の執着心等は成長をもたらす心の働きなのです。「切り離すべき執着心等」と「引き留めておくべき執着心等」を区分けしようとしても、その基準は環境により変化しますので、その違いを理解し、判断し、行動することは簡単なことではないのです。そのために、欲望などを押さえるために精神や肉体を鍛錬する修行により判断能力を高めることが必要なのですが、修行とはいかないまでも、精神的向上を求め続ける修養は必要でしょう。例えば、自己と生活環境に齟齬が生じても、自己と環境のいずれにも執着しないという心構えを日々保ち続けるように努力することが重要なのです。それは、幼児が日々食事を与えられ、目いっぱいに遊び、朝に、昼に、そして夜に睡眠をとることにより作意によらずとも身長は伸び、体重は増し、思考能力が高まり人間として成長していく姿同様に、修行であろうと修養であろうと、平常より、全てのものに執着せず、さらに、執着していないことにも気が付かない心の状態を保ち続けるならば、無執着に近い心理状態に近づけるのではなかろうか。

知恵の完成と無執着について、『八千頌般若経』に語られている部分がありますので、梶山雄一訳『八千頌般若経I』を引用し、紹介をいたします。

（i）　知恵の完成については48頁に次のような記述があります。

「知恵の完成は（三）乗（声聞乗、独覚乗、菩薩乗）すべてに共通するものであり、またすべてのものに執着しないという点から、すべてのものに執着しないという完全性でもあるのです」

右記の「完全性」という言葉について理解しづらいのですが、「パーラミター」のことのようですので「成就」とか「完成」の意味がありますので、「知恵の完成とは全てのものに対して執着しなくなったこと」と理解してよいと思います。

(ii) 執着については232頁に次のような記述があります。

「物質的存在が空であるとするのは一つの執着である。感覚、表象、意欲についてもそうであり、思惟が空であるとするのも、シャーリプトラ長老よ、執着なのです。もし人が過去の事物に対してそれらのものは過ぎ去ったと意識するならば、それも執着です。未来の事物に対してそれらのものはまだこないものだと意識するならば、それも執着です。現在の事物に対してそれらのものは現に存在すると意識するならば、それも執着です」

(iii) 執着の原因について233頁に次のような記述があります。

「スプーティよ、この世間で、良家の男子や女子は誠信をささげて、供養されるべき、完全にさとった如来に、その特徴に従って心を集中するのだが、スプーティよ、特徴の数が多いだけ執着も多いことになる。それはなぜか。というのは、スプーティよ、執著というものは特徴によって起こるからである」

『八千頌般若経』で説かれる「知恵の完成」、「執着」そして「執着の原因」については深く考えないと理解し難い表現になっております。ここで説かれている特徴とは、通常の現象の中に際立つ事柄を感じる（認識する）ことです。つまり、我々は一つの言葉に、傷つき・悩み・憎しんだりするのです。また一つの行為が、深く反省する心を生み出したり、心が絶望感に覆われたり、他人を攻撃する方向に心を向かわせたりするのです。特徴とは、このような一つの言葉であり、一つの行為などのことです。これらの特徴をいつまでも心に潜ませていることが執着心なのです。執着心を断たないと、恨む心・憎む心・怒る心となり、やがてはそれが己の心を重く覆い包み、やがて苦しみに変わるのです。

それでは、智慧の完成の成果について『般若心経』では、菩提薩埵は次の四つの効用を身に付けることができることを説いています。それは、「心無罣礙」、「無有恐怖」、「遠離一切顚倒夢想」及び「究竟涅槃」であります。この四つについて検討してみます。

第二節　静寂な心構え

第一項　以無所得故とは

中村元教授は以無所得故について『般若経典』163頁の中で、「通常この語は前の文章にかけて読むが、後ろの文章に付けて読むという説もある」と紹介しています。前者の例は空海著『般若心経秘鍵』や高神教授著『般若心経講義』で、高神教授は「無智亦無得　以無所得故」を193頁で「智もなく、亦得もなし、無所得を以ての故に」と書き下されております。後者の例は中村元教授著『般若経典』や橋本凝胤著『般若心経講話』で、中村教授は「以無所得故　菩提薩埵」を146頁で「それゆえに、得るということがないから、諸の求道者の智慧の完成に安んじて」と訳しております。

我々は生活をする上で色々と判断を行っています。その判断基準には、善と悪の「道徳的基準」や好き嫌いの「嗜好基準」などがありますが、最も用いられる基準として打算的思考である「損得基準」が挙げられます。この「損得基準」の内容を分類するならば、無所得と有所得とになります。前者の無所得とは、財貨や役務の提供に対して対価を求めること無く、打算的思考が存在しません。しかし、通常の生活において、我々は自己中心的で、損得の感情に基づいて行動を起こすという、打算的な考えが行動の基礎となっているので、有所得が行動の基準になっていると言えます。有所得に基づく行動は、他者との競争関係が生じ、その調整のために精神的圧力が働き、心の働きに種々の制約が付き纏うことになります。その結果、心の働きに妨げとなる障害を取り除くことはできません。このような価値基準に基づく心の世界は菩提薩埵が求める心の世界には程遠いものです。打算的思考から脱却し、心の働きに妨げとなるものがなく、心が自由に働ける状態になる無所得の価値基準の世界こそが菩提薩埵が求める心の世界なのです。

無所得について、内山老師は『内山興正法話集』の中で、坐禅との関係で説明をしています。内山老師の師匠である沢木老師が「道元禅師の坐禅は幽邃《ゆうすい》である」と生前語っていたそうです。「この幽邃とは一生懸命やっていながら、何もならないこと」を意味しているのです。さらに、「仏法の根本は無我であり、一切空です。つまり無所得というのは、坐禅でいえば、いくら坐禅をしても、悟りを開くとか、境界ができるとか、腹が座ったとかという坐禅の成果が無いということです。坐禅は何もならないということを十分に理解して行うべきものなのです」と内山老師は語っておられます。さらに、沢木老師は「何にもならないということを解らなければ、本当に何にもならない」と度々語っていたそうです。

成果を求めずとも行動することが「無所得」ということなのです。このように、無所得を理解するならば、「以無所得故」は菩提薩埵以下の文章にかけて読むのが玄奘三蔵の思いに沿った素直な読み方であると思われます。

第二項　菩提薩埵とは

第二章第三節「観自在菩薩」で菩薩についての説明をいたしましたが、大乗仏教で菩薩が重要なる存在となった理由は何でしょうか。その原因は、仏さまが一段高い奥座に住まわれ、扉を開けてお会いになることが憚れる近寄り難い信仰の対象になっていたので、仏教を大衆化するために、信仰の対象を有情にとって身近な存在である介在者が必要になったのではなかろうか、その介在者として、修行中である菩薩こそが適任者であると考えられたのではないか、と私は根拠が有りませんが推論しています。このような理由で、大乗仏教では菩薩は重要な役割を果たすことになります。つまり、在家者を巻き込んだ仏教に発展する過程で、出家者は自己が成仏するための修行に加えて、利他行の実践を行うことの必要にせまられ、「利他行」も菩薩の修行条件になったものと思われます。

利他行実践の基本的心構えとして、有情の苦しみをまず知ること、その苦しみを知るためには智慧が必要になるが、智慧だけでは心の痛みを救うことができない。そのために有情の痛みを共感できる感情を持ち合わせていなければならない。この共感することが、「慈悲」であり、慈とは有情に楽を与え、悲は有情の苦を取り除くことであると解釈されておりますので、菩薩と慈悲の心は切り離して考えることができないのです。

菩薩の慈悲の心の実践として有名なのは六波羅蜜または十波羅蜜です。六波羅蜜とは、施しをすること（布施波羅蜜）、自己を反省し生活を正すこと（持戒波羅蜜）、批判などに耐え忍ぶこと（忍辱波羅蜜）、努力をし続けること（精進波羅蜜）、心を安定させ集中させること（禅定波羅蜜）、智慧を身に付けること（智慧波羅蜜）です。智慧波羅蜜は『般若心経』の般若波羅蜜と同じであると考えられていますが、般若波羅蜜は全ての波羅蜜を含むものと解釈することもできます。菩薩はこの六波羅蜜の実践をとおして自己研鑽をするのでありますが、この六波羅蜜が他人に向けられたとき、それが、菩薩の慈悲なる心と行動になるのです。しかし、俗世界では、慈悲なる心だけでは社会の不安を取り除くことができません。このために僧侶は医療や土木等に関する知識を身に付けることが必要になり、この知識で社会貢献をしたのです。例えば、空海の香川県の満濃池の修築や真言律宗叡尊による宇治川の土木事業、そして忍性の鎌倉極楽寺でのハンセン病患者の救済活動などが有名です。

菩薩と一言で表現されますが、菩薩には二つ姿の菩薩があります。一つは菩提を求める修道者の姿、他の一つは菩提を具えた姿です。前者の菩薩として、友松圓諦老師は日経ラジオ社「朝の聖典講話」にて『般若心経』の観自在菩薩は通常の菩薩とは異なり、「一生懸命苦学している修行時代の観音さまが表現されております、菩薩は血みどろの修行をしたのです」と語られております。後者の菩薩としては、観世音菩薩や文殊菩薩などがおられ深く信仰対象になっております。このため、仏と菩提薩埵との違いが分かりにくいのですが、『般若心経』では「菩提薩埵」と「仏」の違いを明らかにしています。

第三節　空の効用

第一項　行人得益分

空海は『般若心経秘鍵』で『般若心経』を五つに区切り、「菩提薩埵」から「得阿耨多羅三藐三菩提」までを「行人得益分《ぎょうにんとくやくぶん》」としています。行人とは般若波羅蜜多を修行をする人のことで、得益とは修行の成果として得ることのできる功徳のことです。この功徳が『般若心経』の空の効用（用）なのです。菩提薩埵が得る功徳を「空」の観点から表現すると、その効用は執着心が無くなり、空の世界を体得した成果としての「心無罣礙　無罣礙故　無有恐怖」の功徳です。「般若の智慧」の観点から功徳を表現すると、その効用は、迷いの根本を断ち切る「遠離一切顛倒夢想」という功徳です。そして、これらの功徳により、「菩提薩埵」は「究竟涅槃」を実現するのです。他方、仏は「阿耨多羅三藐三菩提」の境地に住することができるのです。

第二項　心無罣礙　無罣礙故　無有恐怖

「心無罣礙」とは「心の働きに障害となるものが無い」ということで、心の妨げとなるものが無くなれば、精神的緊張がなく、気疲れも無くなるのです。この心無罣礙の心理状態となるための条件として、人それぞれが持つ人生の価値基準のありようが重要なのです。

前節第一項は無所得とは何かについて説明をしましたが、この節では、心の自由と障害の観点から、有所得と無所得という価値観の違いが生み出す自由と障害の違いについて考えたいと思います。自由にも、有所得の生活に価値を見出している人間の考える自由と、無所得の生活に価値を見出す人の自由が存在します。前者の自由が一般的な考えであり、西洋的な発想による自由と言えます。この自由には、いかなる制約も存在しないという自由であり、実現されるべき願望そのものを意味する自由です。しかし、現実的には、自由を求めるが故に、他人の自由と衝突し、争いのもとになるのです。この自由は、他人の自由を侵さない範囲の自由であるので、他人の自由と権利が自由の障害となりますので、自らの生活態度を規制しなければならない自由なのです。

後者の自由とは、無所得の生活を基盤としているので、心の障害となるものは、打算的利害関係から生ずる障害ではなく、自らが、あれこれと選択するという「こだわり」や「愛憎に執着すること」により生み出される心の障害のことです。従いまして、他人の自由を侵すことがないので、これらの障害を自由に取り除くことができるはずです。すでに第四章第五節で触れました禅宗で愛読される『信心銘』の「至道無難　唯嫌揀択　但莫憎愛　洞然明白」という漢文を和訳するならば「最高の真理に至るのは難しいことではない、ただ、憎愛の念を起こして、選り好みすることが障礙なのだ。ただし、憎むとか愛するということがなければ、真理を見出すことができるのです」という言葉は、憎愛とか選り好みをする心が無くなれば、心は澄み切り迷いも無くなることを意味しており「心無罣礙」を具体的に表現したものと言えるでしょう。

「恐怖《くふ》」とは、心に危害や望まざることが起きることを感じるため、行動することに足踏みする心境のことです。具体的には、財産を奪われたり、肉体を傷つけられるという危害の畏れのみならず、嫌いなものや嫌いなことも心の自由を妨げる要素であり、これも恐怖でありますす。さらに、我が子が病気に罹れば心配になり、血液検査の結果が悪い方に数値が高くなれば不安を感じることになります。このような心配や不安も心の妨げとなるものなので恐怖ということになります。橋本凝胤老師は恐怖心が起こる要因として「自我意識は意欲と感情を持ち込んで自己を守り、あらゆるものを犠牲にして自己の自由を主張するが故に矛盾や束縛を感じる、その結果として恐怖心が生まれる」と心の自由を奪う恐怖の生ずる原因を自我意識の存在であると説明されております。

現代は人間の寿命が長くなり、経済活動や科学技術が高度化し、人工知能の判断と人間の判断の区別ができなくなり、実像と映像の区別も困難になりつつあります。更に、情報社会が欲望を煽り、老若男女を問わずそのような扇動に乗せられることにより、価値観に混乱が見られるようになりました。このような社会構造の中で、多くの欲望が多くの恐怖心を生み出す結果となっているのではなかろうか。さらに、パソコンやスマートフォンの発達が容易にあらゆる情報にアクセスできる時代となったため、真偽不明の情報から抜け出せない人間が増えているのも確かであります。このような時代でありますので、情報社会より一歩外に出て、選り好みを捨て、憎愛の見方から離れることにより心静かなる環境に自分を置き、「小欲」、「知足」を心掛けるならば、心の障害を少なくすることができるのではないかと考えます。

第三項　遠離一切顛倒夢想　究竟涅槃

「顛倒」とは無いものを有ると思い込んだりする錯覚のことであり、「夢想」は睡眠時に見る夢のことで幻想であります。従って、顚倒も夢想も同じ幻想であると説明される人もおりますが、現実には全く異なるものなのです。夢は目が覚めるならば、現実と夢の違いを識別することが可能です。例えば、いかに一流レストランで食事をしようとも、夢の場合は、味わうこともできず、まして血や肉にもならないのです。このように、夢想は目が覚めれば、幻想であることに気が付きますが、顚倒した思考はそれが幻想であると気が付かないのです。近年の事例として、Z国と隣接国との戦争があります。

Z国の大統領が隣接国の領土に重要な利用価値があると思い込み、戦車とミサイルで脅せば隣接国は簡単にZ国の領土になると思い侵攻を始めたが、しかし、隣接国の抵抗は激しく戦いは一年以上続き、戦争の終結が見られずZ国と隣接国の双方に多くの死者や負傷者がでるに至ったが、Z国の大統領は利用価値のある領土を奪うことは自国にとって有益であるので、この戦争行為は正義であると国民に訴える。それに追随する学者や報道関係者も声を大きくして権力者に追随している。Z国の国民は、大統領の判断は正義であると考えているのだが、彼らの判断は正しいのであろうか、それとも顚倒した判断と考えるべきなのか。

他方、第三者である常識人は、侵略された国土は返還されず、奪われた財産が元に戻らず、Z国の責任を問わず、更に、停戦後再びZ国が残りの国土を再び侵略してくる可能性があるとしても、死傷者が生じないことを優先するべきであるが故に、即時停戦こそが最上の解決策であると主張しているが、この判断を「正しい判断」というべきであろうか、「顚倒した判断」と考えるべきなのか。

このように具体的事例に直面した時、感情的では無く、損得計算を考えずに平等で正しい思考を自分はしているのか、それとも顚倒した思考をしているかについて、自ら判断することが難しいのです。このように考えると、凡人には般若の智慧を身に付けることは不可能であるとさえ思われます。

兎にも角にも、智慧の完成に到達した菩薩には、心の迷いを引き起こす煩悩が消え、心を束縛するもの無く、智慧の完成により、顚倒した思考を起こすことが無くなれば、終極の心の自由と安らぎに満ちる状態（究竟涅槃）に達することができるのです。

第四項　三世諸仏　依般若波羅蜜多故　得阿耨多羅三藐三菩提

「三世諸仏」とは、過去仏、現代仏、未来仏のことではあるが、過去に存在した仏と、現在存在する仏と、未来に出現するであろう仏に時間を区切って表現しているのではありません。

今に生きる人間は、現時点のみの現象に依存して生きているだけではありません。先人達の努力の恩恵に浴し、自分は過去の思い出や経験に生かされ、明日の希望を拠り所にして今を生きているのです。このように考えますと、現在・過去・未来は一瞬の時間と空間の中に存在しているのです。三世諸仏とはこの一瞬の中に存在する諸仏のことなのです。この諸仏は智慧に開眼しながらも、さらなる智慧の完成を目指しているので、阿耨多羅三藐三菩提、すなわち無上の正しい悟りの世界に住している仏なのです。なお、道元禅師は『正法眼蔵』「八大人覚」で「諸仏はこれ、大人なり。大人の覚知する所なれば、所依に八大人覚と称するなり」と説かれている。これは、仏とは宇宙人のごとく我々と全く別人を意味するものではなく、人が最高の智慧を持った時にこれを仏であると説いているのです。

知恵の完成による功徳は以上のとおりです。『般若心経』は般若といわれる智慧を完成させることにより苦厄を避けることに努めなさいと説いています。この苦厄の原因が心の問題であると言っても過言ではありません。空とは実体がないことであり、心が空であるということは、悩みに繋がる執着を心の中に留めず、心の中の蟠《わだかま》りを早く取り除くことを示唆しているのです。執着心から離れるための智慧を身に付けることが般若波羅蜜多と理解しても間違いないと思います。しかし、凡人である我々は、執着心から完全に離れることはできないでしょう。

般若の智慧を身に付けることができないならば、せめても、蟠りの原因を相手の立場で考えてみたらどうでしょうか。この心構えを身に付けるならば、独善的思考を避け、好き嫌いの心から離れた判断ができるようになり、苦の原因を少しでも減少させることができるのではないでしょうか。

なお、聞きなれない「阿耨多羅三藐三菩提」とは「アヌッタラー・サムヤックサンボーディ」を音訳したもので、「アヌッタラー」は「無上」という意味であり、「サムヤックサンボーディ」とは「正しい悟り」という意味であると一般に解釈されていますので、阿耨多羅三藐三菩提は「無上の正しい悟り」と解釈されます。

第六章

宗教的要素

これまでは、般若波羅蜜多とは何か、智慧とは何か、智慧の完成とは何か、空とは何か、執着心から離れるということは何かなどを繰り返し問い、考えてきましたが、「故知般若波羅蜜多　是大神呪　是大明呪　是無上呪　是無等等呪」以降の文章は『般若心経』の説示内容が一転して宗教的要素を持つものとなります。何故ならば、般若波羅蜜多は何かという真理の追究は終了し、知恵の完成の素晴らしさのみを説くことにより、哲学的思考はなくなり、無条件に『般若心経』を信じることにより安らぎが得られる呪文の世界へと人々を導く様子が窺えるからです。

空海は宗教的観点に立って『般若心経』を解釈していますので、その重要なる部分を少し覗いてみましょう。

空海は『般若心経秘鍵』でこの心経を五分し、第四として「故知般若波羅蜜多。是大神咒。是大明咒。是無上咒。是無等等咒。能除一切苦。真実不虚故　説般若波羅蜜多咒。」の文章を「総帰持明分」となし、第五として「即説咒曰　羯諦　羯諦　波羅羯諦　波羅僧羯諦　菩提娑婆訶」の文章を「秘蔵真言分」としています。

加藤精一編『空海　般若心経秘鍵』を参考にして、空海の解釈を紹介するならば、「総帰持明分」では名と体と用《ゆう》の三つがあり、「「四種の咒明」は名を挙げ、「真実不虚」は体を指し、

「能除諸苦」は用を顕す」と説かれています。次の、「秘蔵真言分」は五つに分類され説明されております。この五つの要旨とは「初めの羯諦は声聞の行果を顕し、二の羯諦は縁覚の行果を挙げ、三の波羅羯諦は諸大乗最勝の行果を指し、四の波羅僧羯諦は真言曼陀羅具足輪円の行果を明かし、五の菩提娑婆訶は上の諸乗の究境菩提証入の義を説く」と説明しております。空海の思考は深淵なるものなので、ここでは原文の訓み下し文の紹介のみに止めます。

さらに、『般若心経』は、般若波羅蜜多という言葉に神秘的な力が宿り、その言葉は一切の苦を除くことができる。般若波羅蜜多は疑う余地のない神秘な力をもつ言葉であると説いた後に「秘蔵真言分」に相当する文章で、般若波羅蜜多の呪文《じゅもん》を説明しております。具体的には「掲諦　掲諦　波羅掲諦　波羅僧掲諦　菩提僧莎訶」です。

何故、般若波羅蜜多という言葉に神秘性が存在するのであろうか、般若波羅蜜多は「智慧の完成」という意味ですが、この智慧に神秘的な力があると考えられたのです。科学が未発達な時代において、呪文や智慧が病気を治す方法なのです。科学とは智慧の結集であり、智慧の改善こそが科学の発展であることを考えれば、千五百年以上前は、智慧こそ新にものを創造する力であると信じるのが当然なことだったのです。智慧に神秘性を強く感じているのは古人のみならず、現代においても智慧の不思議を感じている人は存在するのではなかろうか。

智慧の神秘性を理解することができたとしても、智慧の神秘性を伝道するために言葉の活用が重要なのです。言葉の内容は丁寧なものでなければ真意は伝えられない、しかし長文では記憶することができない。そのため、似たような長い文章を繰り返し、繰り返し教示することになるが、それでは智慧の神秘性が失われます。そこで、神秘性を感じさせる言葉として「マントラ」とか「真言」そして「曼陀羅」という言葉が『般若心経』の解説書で頻繁に用いられることになります。正木晃著『知の教科書　密教』と松長有慶編『日本の仏教・人と教え2　真言宗』を参考にして、これらの言葉の意味を説明いたします。

マントラとはサンスクリット語であり、日本語では「真言」だと解釈されています。マントラはインドの聖典ヴェーダに、神々に奉じる賛歌として登場したもので、言葉や声に特別な価値を見出したものです。マントラの特質は音声を低くして特定の言葉を反復することにより、三昧の境地に入る精神状態が生じてくるといわれています。なお、真言とは「真実の言葉」を意味しています。

陀羅尼とは、サンスクリット語のダーラニーを音訳したもので、もともと呪文ではなく、精神を一点に集中することを意味したもので「総持」とも翻訳されます。陀羅尼は特定の言葉を繰り返し、繰り返し唱えることにより精神統一をはかるもので、この精神統一が記憶力を強めたり、神秘的な力があるように感じとられ、次第に呪文と同一視されるようになったようです。なお、松長老師は、密教の僧侶が唱えるサンスクリット語の呪文を陀羅尼とか真言といい、現在は文章が長いものを「陀羅尼」といい、短いものを「真言」とよんでいると説明されております。

空海が「故知般若波羅蜜多　是大神咒　是大明咒　是無上咒　是無等等咒　能除一切苦　真実不虚故」を「総帰持明分」と表記していますが、その内容を平川教授は著書『般若心経の新解釈』179頁で持明を〈持〉と〈明〉に分解して、持は総持の〈持〉のことで陀羅尼をさすものと推測し、〈明〉はヴィドヤーの訳語であり〈無明〉をアヴィドヤーの訳語と見ることにより、明は真実の智慧でありで「神智」であると解釈できるので、明をダラニと解釈することができるとしています。その理由を、智慧には不思議な力があるからですと解説しております。

般若波羅蜜多を大神呪、大明呪、無上呪、無等等呪と説いているので、マントラであると述べています。マントラと陀羅尼について平川教授は「瑜伽師地論」では「マントラダーラニー」と言ってマントラとダラニが同一視されていることも紹介しています。

次なる難題として、暗記しやすく、神秘的な言語が創造されたが、異国への伝道には翻訳という作業が必要になりました。インドの言語を如何にして中国に伝えるか、玄奘三蔵は「五種不翻《ふほん》」を唱えましました。これはインドの言葉を漢字に翻訳することができないとするもので、意訳ではなく、音訳するにとどめるものです。この五種不翻の対象となる言語について、高神覚昇教授は『般若心経講義』232頁で「インドにあって中国にないものとか、一つの言葉に多くの意味が含まれているものとか、秘密のものとか、昔からの習慣に随うものとか、訳せば原語のもつ価値を失う、といったようなわけで」と説明しております。

第一節　般若波羅蜜多の称賛

故知般若波羅蜜多。是大神呪。是大明呪。是無上呪。是無等等呪。

能除一切苦。真実不虚故。

［意訳］

故に知るべきである、般若波羅蜜多は、大いなる神聖な呪文であり、大いなる明知を持つ神聖な呪文であり、最高である神聖な呪文であり、比類なき神聖な呪文であるので、すべての苦厄を取り除くことができる呪文であり、疑いのない真理そのものの言葉なのです。

【解説】

辞書によると、「呪《まじな》い」とは多くの場合、神秘的なものの力を借りて災いを除いたり、起こしたりする術」と解説されています。ここで用いられている「呪」はダラニではなくマントラであると解釈されております。マントラの語源は「考える道具」とか「神聖なる言葉」という意味があるようですが、我々の心に届く言葉の響きには、災いを除く神秘的な言葉すなわち呪文を感じさせるのです。

なお、中村元著『般若経典』によると大神呪、大明呪、無上呪、無等等呪のサンスクリット語の片仮名表記は次のとおりです。

マハー・マントラ
マハー・ヴィドヤー・マントラ
アヌッタラ・マントラ

アサマサマ・マントラ

このように四つの呪は音訳ではなく翻訳されているので、真言でもなければ陀羅尼でもなく、般若波羅蜜多の内容を説明しているにすぎないと考えられます。

呪文の偉大さを説いた後に「真実不虚」という文章が説かれているのは、般若波羅蜜多という呪文は我々に重要な功徳をもたらす真実な言葉であるので、迷わず一心に唱えることの重要性を強調したものと思われます。

第二節 呪文

説般若波羅蜜多呪。即説呪曰　掲帝　掲帝　波羅掲帝

波羅僧掲帝　菩提僧莎訶　般若波羅蜜多心経

【意訳】

般若波羅蜜多の呪を説く。すなわち説くところの呪とは、掲帝　掲帝　波羅掲帝　波羅僧掲帝　智慧の完成に幸いあれ。

般若波羅蜜多心経

【解釈】

この文章は、空海が『般若心経秘鍵』で分類した第五である「秘蔵真言分」の文章です。玄奘三蔵の「五種不翻《ふほん》」によれば、「掲帝」から「波羅僧掲帝」までは意訳をせず、音訳のみとするのが習わしです。その理由は、サンスクリット語を和文に訳せるが呪文の持つ効力を訳することができません。さらに、翻訳をすることにより誤解を生ずるのです。されど、本来の意味を誤解するとしても、単語として何を意味しているのかという程度の理解をしたいと考えるのが人情ですので、辞書等に書かれている和文の一つを抜き書きしてみました。

ガテー（羯諦）とは「行ける」の意味。

パーラガテー（波羅羯諦）のパーラ（波羅）とは「かなたへ」「前方へ」の意味。

パーラサンガテー（波羅僧羯諦）を池田教授は「むこう岸に完全に行ったものよ」と解釈

し、高神教授は「凡夫が仏の世界に到達して仏といっしょになること」と解釈しています。

ボーデ（菩提）とは「開悟」とか「悟り」の意味。

スヴァーハー（僧莎訶）とは「幸いあれ」とか「祝福あれ」の意味。なお、池田教授の説明によるならば、スヴァーハーの漢訳について、玄奘訳では「僧莎訶」が用いられているそうです。

掲帝以下の句に対して池田教授や松原老僧は以下のように翻訳しています。なお、八世紀の元興寺の僧侶である釋智光法師は翻訳をしていません。

- 池田魯参教授の和訳：「行ったものよ（羯諦）。行ったものよ。むこう岸に行ったものよ（波羅羯諦）。むこう岸に完全に行ったものよ（波羅僧羯諦）。さとりよ（菩提）。おめでとう（薩婆訶）。」
- 松原泰道氏の和訳：「往ける者よ、往ける者よ、彼岸に往ける者よ、彼岸に全く往ける者よ、さとりよ、幸あれ。」
- 南都元興寺釋智光法師：「印度の人間の常の詞に非らずを以て、是の故に翻さず」

音訳されている「掲帝　掲帝　波羅掲帝　波羅僧掲帝」は、読誦による音韻に不思議な神秘性が感じられますので、『般若心経』を宗教と考えない人も翻訳をせずに感性に委ねて読むこともありです。

補　遺

この本に使われている『般若心経』の経文は、平川教授著『般若心経の新解釈』の12頁に記載されている文章を引用しましたが、2頁の般若波羅蜜多心経の全文では「唐三蔵法師玄奘訳」という文章を省略しております。

『般若心経』という経文の漢字の使い方は一つではなく、多種な文字が使用されていますので、その例を下に記載します。いかなる漢字や文言が使用されようとも「玄奘三蔵の訳した経文」として信ずるにたる文章に基づいて、私は『般若心経』を解釈しております。『般若心経』の作成された経緯やサンスクリット語の解釈は重要ではありますが、私の能力を超えたものであり、玄奘訳の『般若心経』の本質を理解するために不要と考えておりますので、基本的に本書では、それらへの特段の配慮はいたしておりません。

経文に多種の漢字が使用されている例

一．ギャーテイの漢訳文字例

羯諦：池田教授『般若心経』・佐々木閑教授『般若心経』・橋本凝胤『般若心経講話』

掲諦：高神覚昇『般若心経講義』・智山勤行式のパンフレット
掲帝：中村元　紀野一義訳註『般若心経・金剛般若経』・平川教授『般若心経の新解釈』
二．菩提僧莎訶の「ソワカ」に使用されている漢字例
僧莎訶：平川教授『般若心経の新解釈』
娑婆訶：橋本凝胤『般若心経講話』・加藤精一編『空海　般若心経秘鍵』
薩婆訶：池田教授『般若心経』・佐々木閑教授『般若心経』・高神覚昇『般若心経講義』
娑婆賀：智山勤行式のパンフレット

参考図書

渡辺章悟著『般若心経―テクスト・思想・文化』大法輪閣　２０１８年５月15日　第３刷発行

小峰彌彦著『般若心経に見る仏教の世界』大正大学出版会　２００２年10月１日　第１刷発行

佐々木閑著『般若心経』ＮＨＫ出版　２０２０年10月15日　第17刷発行

高神覚昇著　世界教養全集10『般若心経講義』平凡社　１９６３年５月31日　初版発行

角川ソフィア文庫でも発行されています

平川　彰著『般若心経の新解釈』世界聖典刊行協会　１９８８年２月15日　第２刷発行

平川　彰著『スタディーズ　仏教』春秋社　２０１８年４月20日　初版第一刷発行

１９９２年刊の『仏教入門』の改題版

松原泰道著『般若心経入門』祥伝社　２００８年４月10日　第９刷発行

池田魯参著『般若心経』講談社　２００８年８月26日　第12刷発行

橋本凝胤著『般若心経講話』誠信書房　１９６３年５月15日　第３刷発行

南都元興寺住　釋智光撰『般若心経述義』元興寺　２００４年５月27日発行

加藤精一編『空海　般若心経秘鍵』ＫＡＤＯＫＡＷＡ　２０２０年２月10日　23版発行

中村元著　現代語訳大乗仏典1『般若経典』東京書籍　2014年1月20日　第六刷発行
中村元・紀野一義訳註『般若心経・金剛般若経』岩波書店　2020年7月27日　第81刷発行
中村元著『龍樹』講談社　2015年2月10日　第35刷発行
中村元訳『ブッダの真理のことば　感興のことば』岩波書店　2018年8月6日　第62刷発行
渡辺章悟・高橋尚夫編『般若心経註釈集成（インド・チベット編）』起心書房　2016年9月28日　初版第一刷発行
渡辺章悟・高橋尚夫編『般若心経註釈集成（中国・日本編）』起心書房　2018年7月30日　初版第一刷発行
青原令知編『倶舎―絶ゆることなき法の流れ』自照社出版　2015年3月31日　初版発行
大正大学仏教学科編『お坊さんも学ぶ仏教学の基礎①インド編』大正大学出版会　2015年3月31日発行
梶山雄一著『スタディーズ　空』春秋社　2018年4月20日　初版第一刷発行
1992年刊の『空入門』の改題新版
梶山雄一著『梶山雄一著作集　第2巻　般若の思想』春秋社　2012年6月25日　第一刷発行
桜部　建著　仏典講座18『倶舎論』大蔵出版　2002年9月20日　新装初版

平川　彰著　仏典講座22『大乗起信論』大蔵出版　２００４年３月20日　新装初版
吉津宜英著『大乗起信論新釈』大蔵出版　２０１４年10月20日　第一刷発行
桂紹隆・五島清隆著『龍樹「根本中頌」を読む』春秋社　２０１６年10月20日　第１刷発行
梶山雄一訳　大乗仏典２『八千頌般若経Ⅰ』中央公論新社　２００９年９月25日　再版発行
梶山雄一・丹治昭義訳　大乗仏典３『八千頌般若経Ⅱ』中央公論新社　２０１２年１月30日　再版発行
梶山雄一・瓜生津隆真訳　大乗仏典14『龍樹論集』中央公論新社　２０１５年５月30日　３刷発行
梶山雄一・上山春平著　仏教の思想３『空の論理〈中観〉』ＫＡＤＯＫＡＷＡ　２０１４年１月20日　11版発行
増谷文雄全訳注『正法眼蔵（八）』講談社　２０２１年４月23日　第６刷発行
竹村牧男著『成唯識論を読む』春秋社　２００９年６月20日　第２刷発行
太田久紀著『成唯識論要講』中山書房仏書林　２０１１年４月８日　第三刷発行
加藤弘二郎著『唯識三十頌を読む』角川学芸出版　２００６年11月10日　初版発行
中村元・福永光司・田村芳朗・今野達・末木文美士編『岩波仏教辞典』岩波書店　２０１４年２月28日　第２版第７刷発行

横山紘一著『唯識　仏教辞典』春秋社　2010年10月16日　第1刷発行

財団法人鈴木学術財団編集『漢訳対照　梵和大辞典』山喜房佛書林　2015年2月23日　新訂第二刷発行

人物紹介

沢木興道（さわき　こうどう）　１８８０年～１９６５年　生涯、家も寺も持たず、自ら「宿無し」と称した。１９３５年駒沢大学教授。生涯、頭陀袋に小銭少々と戸籍謄本一枚を持ち歩き、いつどこで死んでも火葬にしてもらえるよう配慮した精神を持ち続けた。晩年は『正法眼蔵』の研修道場である京都の安泰寺で過ごした。

日本音声保存発行『内山興正法話集』より

内山興正（うちやま　こうしょう）　１９１２年～１９９８年　早稲田大学西洋哲学科を卒業し、大学院に在学した。禅界の巨匠沢木興道老師について出家し、戦後は京都市北区の安泰寺に入り坐禅修行に入る。晩年の日々を道元禅師の生地である宇治・木幡にある能化院で過ごした。

日本音声保存発行『昭和の名僧』より

友松圓諦（ともまつ　えんたい）　１８９５年～１９７３年　宗教大学（現大正大学）を１９１９年に卒業、慶応義塾大学を１９２４年卒業、同年に同大学予科のドイツ語講師となり、同大学仏教青年会で法句経を連続講義。１９３４年ＮＨＫのラジオで『法句経』を講義する。

日本音声保存発行『昭和の名僧』等より

著者略歴

舟 本 孝 治（ふなもと　たかはる）

1943年東京都新宿区に生まれる。中央大学商学部卒業後、税理士試験及び公認会計士試験に合格し、プライスウオーターハウス会計士事務所に勤務し、1983年舟本孝治公認会計士事務所を開業。2013年公認会計士業を廃業。2014年大正大学の科目等履修生となり、仏教の基礎を学ぶ。

般若心経より学ぶ

2025年 4 月 7 日　初版発行

著　　者　舟本孝治
発行・発売　株式会社 三省堂書店／創英社
〒101-0051 東京都千代田区神田神保町1-1
Tel：03-3291-2295　Fax：03-3292-7687
印刷・製本　信濃印刷株式会社

ISBN978-4-87923-295-3 C0015